Editorial Nobel presenta:

La Ciencia de Hacerse Rico

Autor: Wallace D. Wattles
Traductor: Oliver Jackson

Índice

Introducción del traductor..4
Prólogo..6
¿Quién era Wallace D. Wattles?..8
Capítulo 1
El Derecho a Ser Rico.. 10
Capítulo 2
La Ciencia de Hacerse Rico.. 14
Capítulo 3
¿Está Monopolizada la Oportunidad?... 19
Capítulo 4
El Primer Principio en la Ciencia de Hacerse Rico..........................23
Capítulo 5
Incremento de Vida.. 30
Capítulo 6
Cómo llega la riqueza...37
Capítulo 7
Gratitud...43
Capítulo 8
Pensar de forma correcta.. 48
Capítulo 9
El testamento.. 53
Capítulo 10
El uso de la voluntad.. 58
Capítulo 11
Actuar de manera certera..64
Capítulo 12
Acción eficaz..70
Capítulo 13
El negocio correcto...75

Capítulo 14
El aumento..79
Capítulo 15
La persona que avanza.. 84
Capítulo 16
Precauciones y Observaciones Finales......................89
Capítulo 17
Resumen de la Ciencia de Hacerse Rico....................93
Conclusión del libro... 95

Introducción del traductor

Es un honor presentar esta edición de La Ciencia de Hacerse Rico de Wallace D. Wattles, traducida al español para la editorial Nobel. Como traductor, mi intención ha sido mantener la fidelidad al texto original, preservando la claridad y el estilo característico de Wattles.

Wallace D. Wattles fue un autor y pensador influyente en el ámbito de la autoayuda y el desarrollo personal. Su obra, aunque escrita a principios del siglo XX, sigue resonando con fuerza hoy en día. En La Ciencia de Hacerse Rico, Wattles explora la idea de que la prosperidad no es un resultado del azar, sino de la aplicación de principios específicos y universales.

Este libro nos enseña que todos podemos influir en nuestras circunstancias a través de nuestros pensamientos y acciones. Wattles destaca la importancia de cultivar una mentalidad positiva, visualizar nuestros objetivos con claridad y actuar con determinación. Estas ideas, presentadas con un enfoque práctico y directo, ofrecen un camino hacia la prosperidad que va más allá del simple deseo de riqueza material.

Al traducir esta obra, he buscado transmitir el mensaje de Wattles de manera clara y accesible para el lector en español, respetando el tono pragmático y motivador del autor. Mi esperanza es que esta edición permita a los lectores explorar y aplicar estas enseñanzas en sus propias vidas.

Esta introducción pretende ofrecer una breve visión del contenido y propósito del libro, invitando a los lectores a descubrir por sí mismos los principios y técnicas que Wattles describe con tanta precisión y convicción. Que este libro sea una fuente de inspiración y guía en tu camino hacia la abundancia y el éxito.

Prólogo

La Ciencia de Hacerse Rico de Wallace D. Wattles es un libro que ha resistido la prueba del tiempo, ofreciendo una guía clara y poderosa para aquellos que buscan mejorar sus circunstancias financieras y personales. Publicado originalmente en 1910, este libro se ha convertido en un clásico del pensamiento positivo y la autoayuda, y ha inspirado a innumerables lectores a lo largo de los años.

En sus páginas, Wattles presenta una filosofía innovadora y accesible que combina principios espirituales con un enfoque pragmático hacia la creación de riqueza. Su premisa central es que la riqueza y el éxito no son fruto del azar, sino el resultado de aplicar una ciencia específica: la ciencia de pensar y actuar de manera creativa y positiva. Wattles sostiene que el universo está compuesto de una "Sustancia Sin Forma" que responde a nuestros pensamientos, y que todos tenemos el poder de moldear esta sustancia a través de la visualización, la fe y la gratitud.

A lo largo del libro, el autor ofrece no solo principios teóricos, sino también instrucciones prácticas para aplicar estos conceptos en la vida diaria. Su enfoque directo y sencillo hace que estos principios sean accesibles para cualquier lector, independientemente de su situación actual.

Este prólogo sirve como una invitación para explorar el profundo mensaje de La Ciencia de Hacerse Rico. En un mundo a menudo marcado por la competencia y la escasez, Wattles nos recuerda que todos tenemos el potencial para vivir una vida plena y abundante. Al abrir estas páginas, estás dando el primer paso hacia una comprensión más profunda de cómo puedes atraer riqueza y éxito a tu vida.

A medida que avances en la lectura, te animamos a que mantengas una mente abierta y receptiva. Los conceptos presentados pueden desafiar las creencias establecidas, pero también ofrecen una oportunidad para un cambio transformador. Ya sea que estés comenzando tu viaje hacia la riqueza o buscando una nueva perspectiva, este libro ofrece herramientas y perspectivas valiosas que pueden ayudarte a alcanzar tus objetivos más ambiciosos.

Esperamos que La Ciencia de Hacerse Rico te inspire y te capacite para crear la vida que deseas. Recuerda, como afirma Wattles, que "no hay límite para el suministro de riqueza", y con los principios de este libro, puedes aprender a aprovecharlo.

¿Quién era Wallace D. Wattles?

Wallace Delois Wattles fue un escritor estadounidense nacido en 1860 y fallecido en 1911. Es más conocido por su libro "La Ciencia de Hacerse Rico", publicado en 1910, que se ha convertido en un texto fundamental en el ámbito del desarrollo personal y la ley de la atracción. Wattles fue un pionero en el pensamiento del "Nuevo Pensamiento", un movimiento filosófico y espiritual que enfatiza el poder del pensamiento positivo y la visualización para crear una vida de éxito y bienestar.

A lo largo de su vida, Wattles estudió diversas religiones y filosofías, incluyendo el cristianismo y el hinduismo, y se interesó profundamente por la ciencia del éxito y el pensamiento positivo. Sus escritos reflejan una combinación de principios espirituales y científicos, y se centran en la idea de que todos tienen el derecho y la capacidad de alcanzar la riqueza y la felicidad a través del pensamiento creativo y la acción.

Aunque Wattles no alcanzó la fama en vida, su trabajo ha influido significativamente en el desarrollo del pensamiento positivo y la autoayuda moderna, inspirando a autores y líderes del pensamiento en las décadas siguientes.

Capítulo 1

El Derecho a Ser Rico

Independientemente de lo que se afirme en elogio de la pobreza, la realidad es que no es posible vivir una vida realmente plena o exitosa a menos que uno posea riqueza. Ninguna persona puede alcanzar su máximo potencial en cuanto a talento o desarrollo del espíritu a menos que cuente con suficiente dinero; ya que, para desplegar el alma y desarrollar las habilidades, es necesario tener acceso a muchos recursos, y no se pueden obtener estos recursos sin dinero.

El ser humano se desarrolla en mente, alma y cuerpo mediante el uso de diversas cosas, y la sociedad está estructurada de tal manera que se requiere dinero para acceder a esas cosas; por lo tanto, la base de todo avance personal radica en entender la ciencia de hacerse rico. El objetivo de toda vida es el desarrollo, y todo ser vivo tiene el derecho inalienable a alcanzar el máximo desarrollo posible.

El derecho a la vida implica el derecho a usar libremente y sin restricciones todos los recursos necesarios para un desarrollo completo en los ámbitos mental, espiritual y físico; en otras palabras, el derecho a ser rico. En este libro, no hablaré de la riqueza de manera figurada; ser realmente rico no significa conformarse con poco. Ningún individuo debería estar satisfecho con poco si tiene la capacidad de usar y disfrutar de más.

El propósito de la Naturaleza es el progreso y el crecimiento de la vida; y cada persona debe tener todo lo que contribuya al poder, la elegancia, la belleza y la riqueza de la vida; conformarse con menos es un error. La persona que tiene todo lo que desea para vivir plenamente es rica; y nadie que no tenga suficiente dinero puede tener todo lo que quiere. La vida ha avanzado tanto y se ha vuelto tan compleja que incluso la persona más común necesita una gran cantidad de recursos para poder vivir de una manera que se acerque a la plenitud. Cada persona desea naturalmente llegar a ser todo lo que es capaz de ser; este deseo de realizar las posibilidades innatas es inherente a la naturaleza humana; no podemos evitar querer ser todo lo que podemos ser. El éxito en la vida consiste en llegar a ser lo que se quiere ser; sólo se puede llegar a ser lo que se quiere ser haciendo uso de las cosas, y sólo se puede tener el libre uso de las cosas cuando se llega a ser lo suficientemente rico como para adquirirlas. Entender la ciencia de hacerse rico es, por tanto, el conocimiento más esencial de todos.

No hay nada malo en querer ser rico. El deseo de riqueza es en realidad el deseo de una vida más rica, más plena y más abundante; y ese deseo es digno de elogio. El individuo que no desea vivir más abundantemente es anormal, y también es anormal quien no desea tener dinero suficiente para comprar todo lo que quiere.

Vivimos por tres motivos: para el cuerpo, para la mente y para el alma. Ninguno de estos motivos es mejor o más sagrado que los otros; todos son igualmente deseables, y ninguno de estos tres —cuerpo, mente o alma—

puede vivir plenamente si alguno de los otros se ve privado de una vida y expresión completas. No es correcto ni noble vivir sólo para el alma y negar la mente o el cuerpo; y es un error vivir para el intelecto y negar el cuerpo y el alma.

Todos conocemos las consecuencias desagradables de vivir sólo para el cuerpo y negar la mente y el alma; y vemos que la verdadera vida implica la expresión completa de todo lo que el ser humano puede ofrecer a través del cuerpo, la mente y el alma. Independientemente de lo que se diga, ninguna persona puede ser realmente feliz o estar satisfecha a menos que su cuerpo viva plenamente en todas sus funciones, y a menos que lo mismo ocurra con su mente y su alma. Dondequiera que haya una posibilidad no expresada, o una función no realizada, hay un deseo insatisfecho. El deseo es una posibilidad que busca su expresión, o una función que busca su realización.

El ser humano no puede vivir plenamente en su cuerpo sin una buena alimentación, ropa cómoda y un refugio cálido, y sin estar libre de un trabajo excesivo. El descanso y la recreación también son necesarios para su vida física.

No puede vivir plenamente en la mente sin libros y tiempo para estudiarlos, sin oportunidades de viajar y observar, o sin compañía intelectual. Para vivir plenamente en la mente debe tener recreaciones intelectuales y debe rodearse de todos los objetos de arte y belleza que sea capaz de utilizar y apreciar.

Para vivir plenamente en el alma, la persona debe tener amor; y al amor se le niega la expresión por la pobreza. La mayor felicidad del ser humano se encuentra en el acto de dar beneficios a quienes ama; el amor encuentra su expresión más natural y espontánea en el dar. La persona que no tiene nada que dar no puede desempeñar su rol como esposo o padre, como ciudadano o como ser humano. Es en el uso de las cosas materiales donde el ser humano encuentra la vida plena para su cuerpo, desarrolla su mente y despliega su alma. Por lo tanto, es de suma importancia para él ser rico.

Es completamente correcto que desees ser rico; si eres una persona normal, no puedes evitarlo. Es totalmente correcto que prestes tu mejor atención a la Ciencia de Hacerse Rico, porque es el estudio más noble y necesario de todos. Si descuidas este estudio, faltarás a tu deber contigo mismo, con Dios y con la humanidad, ya que no puedes prestar a Dios y a la humanidad un mayor servicio que el de sacar el máximo provecho de ti mismo.

Capítulo 2

La Ciencia de Hacerse Rico

Existe una ciencia para volverse rico, y es tan exacta como el álgebra o la aritmética. Hay leyes específicas que gobiernan el proceso de adquirir riquezas; una vez que estas leyes se comprenden y se siguen, cualquier persona puede enriquecerse con certeza matemática.

La posesión de dinero y propiedades resulta de hacer las cosas de una manera particular; aquellos que hacen las cosas de esta manera específica, ya sea intencionadamente o por accidente, logran riqueza; mientras que quienes no lo hacen, no importa cuánto trabajen o cuán competentes sean, permanecen pobres.

Es una ley natural que las mismas causas producen los mismos efectos; por lo tanto, cualquier persona que aprenda a hacer las cosas de esta manera específica se enriquecerá sin falta. Esta afirmación se sustenta en los siguientes hechos: hacerse rico no depende del entorno, ya que si así fuera, todos los habitantes de ciertos barrios serían ricos; los habitantes de una ciudad serían todos acaudalados, mientras que en otras ciudades todos serían pobres; o los residentes de un estado estarían todos en la opulencia, mientras que en un estado vecino estarían en la miseria.

Sin embargo, vemos que en todas partes conviven personas ricas y pobres, a menudo dedicadas a las mismas ocupaciones. Cuando dos personas en la misma localidad y en el mismo negocio tienen resultados diferentes, una enriqueciéndose y la otra permaneciendo pobre, esto demuestra que la riqueza no depende principalmente del entorno. Aunque ciertos entornos pueden ser más favorables que otros, si dos personas en el mismo negocio y lugar obtienen resultados opuestos, significa que hacerse rico depende de hacer las cosas de una manera determinada.

Además, la habilidad de actuar de esta manera determinada no se basa únicamente en el talento, ya que muchas personas con gran talento permanecen pobres, mientras que otras con menos habilidades se enriquecen. Al estudiar a las personas que han acumulado riqueza, encontramos que son un grupo promedio en todos los aspectos, sin habilidades ni talentos extraordinarios. Esto sugiere que no se enriquecen por habilidades o talentos únicos, sino porque realizan las acciones de una manera específica.

La riqueza no se debe al ahorro extremo, ya que muchas personas extremadamente frugales siguen siendo pobres, mientras que aquellos que gastan libremente a menudo se enriquecen. Tampoco es resultado de hacer cosas fuera de lo común; dos personas en el mismo negocio pueden hacer casi exactamente las mismas cosas, y una se enriquecerá mientras que la otra puede terminar en la bancarrota.

De todo esto, concluimos que la riqueza es el resultado de hacer las cosas de una manera específica. Si hacerse rico es el resultado de hacer las cosas de una manera determinada, y si las mismas causas producen siempre los mismos efectos, entonces cualquier persona que pueda hacer las cosas de esa manera específica puede enriquecerse, y todo el proceso entra en el ámbito de la ciencia exacta.

Se podría preguntar si este método no es tan difícil que solo unos pocos puedan seguirlo. Esto no puede ser cierto, como hemos visto, en términos de capacidad natural. Las personas talentosas se enriquecen, al igual que las menos inteligentes; las personas intelectualmente brillantes se enriquecen, y también lo hacen las menos capacitadas; las personas físicamente fuertes se enriquecen, y también las débiles y enfermas.

Cierto grado de habilidad para pensar y entender es, por supuesto, necesario; pero en cuanto a la habilidad natural, cualquier persona con suficiente sentido común para leer y entender estas palabras puede ciertamente hacerse rica.

Además, hemos visto que no es una cuestión de entorno. La ubicación es importante; nadie esperaría montar un negocio exitoso en medio del Sahara. Hacerse rico implica interactuar con otras personas y estar donde haya personas con las que tratar; y si estas personas están dispuestas a hacer negocios en la forma en que tú deseas, mejor aún. Pero hasta ahí llega la influencia del entorno.

Si alguien más en tu ciudad puede hacerse rico, tú también puedes; y si cualquier otra persona en tu estado puede enriquecerse, tú también puedes hacerlo.

Una vez más, no se trata de elegir un negocio o una profesión en particular. Las personas se enriquecen en todo tipo de negocios y profesiones, mientras que sus vecinos en la misma ocupación permanecen en la pobreza.

Es cierto que uno se desenvuelve mejor en un negocio que le gusta y que le es afín; y si uno tiene ciertos talentos bien desarrollados, se desenvuelve mejor en un negocio que requiere esos talentos.

Además, es más conveniente un negocio que se adapte a tu ubicación; una heladería funcionará mejor en un clima cálido que en Groenlandia, y una pescadería de salmón tendrá más éxito en el noroeste que en Florida, donde no hay salmones.

Pero, aparte de estas limitaciones generales, enriquecerse no depende de que te dediques a un negocio concreto, sino de que aprendas a hacer las cosas de una manera específica. Si estás en un negocio y otra persona en tu localidad se está enriqueciendo en el mismo negocio mientras tú no lo estás, es porque no estás haciendo las cosas de la misma manera que esa persona.

Nadie se ve impedido de enriquecerse por falta de capital. Es cierto que, una vez que se tiene capital, el crecimiento se vuelve más fácil y rápido; pero quien ya tiene capital ya es rico, y no necesita considerar cómo hacerse rico.

No importa lo pobre que seas, si empiezas a hacer las cosas de la manera correcta, comenzarás a enriquecerte; y empezarás a acumular capital. La obtención de capital es una parte del proceso de enriquecerse, y es un resultado que invariablemente sigue a hacer las cosas de la manera correcta.

Puedes ser la persona más pobre del continente, y estar profundamente endeudado; puedes no tener ni amigos, ni influencia, ni recursos; pero si comienzas a hacer las cosas de esta manera, infaliblemente empezarás a enriquecerte, porque causas similares deben producir efectos similares. Si no tienes capital, puedes conseguirlo; si estás en el negocio equivocado, puedes entrar en el negocio correcto; si estás en la ubicación equivocada, puedes trasladarte al lugar adecuado; y puedes hacerlo comenzando en tu negocio actual y en tu ubicación actual de la manera correcta que lleva al éxito.

Capítulo 3

¿Está Monopolizada la Oportunidad?

Nadie permanece en la pobreza debido a la falta de oportunidades o porque otros hayan monopolizado la riqueza y cerrado el acceso a ella. Puede que te encuentres con restricciones en ciertos sectores, pero siempre hay otros caminos disponibles. Por ejemplo, puede que sea difícil tomar el control de grandes sistemas ferroviarios ya establecidos, dado que ese campo está bastante monopolizado. Sin embargo, el sector de los ferrocarriles eléctricos está aún en una fase temprana y ofrece muchas oportunidades para nuevos emprendimientos; además, no pasará mucho tiempo antes de que el transporte aéreo se convierta en una gran industria que empleará a cientos de miles, si no millones, de personas. ¿Por qué no enfocar tus esfuerzos en el desarrollo del transporte aéreo en lugar de competir con figuras consolidadas en el ámbito de los ferrocarriles de vapor?

Es cierto que si eres un trabajador en una fábrica siderúrgica, las posibilidades de convertirte en propietario de la planta son escasas; pero también es cierto que, si comienzas a actuar de cierta manera, podrías salir del empleo en la siderurgia y adquirir una pequeña granja de entre diez y cuarenta acres para dedicarte a la producción de alimentos. Actualmente, hay grandes oportunidades para quienes trabajan intensamente en pequeñas parcelas de tierra; tales personas seguramente se enriquecerán. Podrías pensar que es imposible conseguir la tierra, pero te demostraré que no lo es y que puedes obtener una granja si trabajas de una manera específica.

En diferentes épocas, las oportunidades se dirigen en diversas direcciones, según las necesidades de la sociedad y la etapa de evolución social alcanzada. Actualmente, en Estados Unidos, las oportunidades se encuentran principalmente en la agricultura y en industrias y profesiones relacionadas. Hoy en día, las oportunidades están más abiertas para los agricultores que para los trabajadores de fábricas; también están más disponibles para los empresarios que suministran a los agricultores que para aquellos que abastecen a los obreros industriales; y más para los profesionales que atienden a los agricultores que para los que atienden a la clase obrera.

Hay una abundancia de oportunidades para quienes siguen la corriente en lugar de nadar contra ella. Los trabajadores de las fábricas, tanto individualmente como como clase, no están privados de oportunidades. No están siendo "oprimidos" por sus empleadores ni "explotados" por los trusts y las combinaciones de capital. Están en su situación actual porque no están haciendo las cosas de una manera específica. Si los trabajadores de América decidieran hacerlo, podrían seguir el ejemplo de sus colegas en Bélgica y otros países, estableciendo grandes almacenes e industrias cooperativas; podrían elegir a personas de su clase para ocupar cargos y aprobar leyes que favorezcan el desarrollo de estas industrias cooperativas; en unos pocos años, podrían tomar el control pacífico del sector industrial.

La clase obrera puede convertirse en la clase dominante si comienza a hacer las cosas de una manera determinada; la ley de la riqueza es la misma para ellos que para todos los demás. Esto deben aprenderlo; y permanecerán donde están mientras sigan haciendo lo que hacen. Sin embargo, el trabajador individual no está atado por la ignorancia o la pereza mental de su clase; puede seguir la corriente de oportunidades hacia la riqueza, y este libro le enseñará cómo.

Nadie permanece en la pobreza debido a una escasez de recursos; hay más que suficiente para todos. Podría construirse un palacio tan grande como el Capitolio de Washington para cada familia de la Tierra con los materiales de construcción disponibles en Estados Unidos; y con una agricultura intensiva, este país podría producir lana, algodón, lino y seda suficientes para vestir a cada persona en el mundo más finamente de lo que Salomón se vistió en toda su gloria; además de alimentos suficientes para alimentarlos a todos lujosamente. El suministro visible es prácticamente inagotable; y el suministro invisible realmente es inagotable.

Todo lo que ves en la Tierra está hecho de una sustancia original, de la cual proceden todas las cosas. Constantemente se crean nuevas formas, y las más antiguas se desintegran; pero todas son formas asumidas por una misma cosa. No hay límite en el suministro de Materia Sin Forma, o Sustancia Original. El universo está hecho de ella, pero no se utilizó en su totalidad para crear el universo. Los espacios dentro, a través y entre las formas del universo visible están impregnados y llenos de la Sustancia Original; de la Materia Sin Forma; de la materia prima de todas las cosas. Podrían hacerse diez mil veces más cosas de las que ya se han hecho, y aun así no se agotaría la materia prima universal.

Por lo tanto, nadie es pobre porque la naturaleza sea escasa o porque no haya suficiente para todos. La naturaleza es un almacén inagotable de riquezas; el suministro nunca se agotará. La Sustancia Original está viva con energía creativa y constantemente produce más formas. Cuando se agote el material de construcción, se producirá más; cuando el suelo se agote de manera que ya no puedan crecer alimentos y materiales para vestir, se renovará o se formará más suelo. Cuando todo el oro y la plata de la tierra se haya extraído, si la humanidad aún necesita estos metales, se producirá más de la Materia Sin Forma. La Materia Sin Forma responde a las necesidades del ser humano; no permitirá que falte nada.

Esto es cierto para la humanidad en su conjunto; la raza humana siempre es abundantemente rica, y si los individuos son pobres, es porque no siguen la manera correcta de hacer las cosas que enriquece al individuo.

La Materia Sin Forma es inteligente; es una materia que piensa. Está viva y siempre se mueve hacia una vida más plena. El impulso natural e inherente de la vida es buscar vivir más; la naturaleza de la inteligencia es expandirse, y la de la conciencia es tratar de extender sus límites y encontrar una expresión más completa. El universo de las formas ha sido creado por la Sustancia Viva Sin Forma, tomando forma para expresarse más plenamente.

El universo es una gran Presencia Viviente, siempre moviéndose inherentemente hacia una vida más plena y una función más completa. La naturaleza está diseñada para el progreso de la vida; su motivo impulsor es el incremento de la vida. Por esta razón, todo lo que pueda servir a la vida está generosamente provisto; no puede haber carencia, a menos que Dios se contradiga a sí mismo y anule sus propias obras.

No permaneces pobre por falta de recursos; de hecho, más adelante demostraré que incluso los recursos del Suministro Sin Forma están a disposición de quien piense y actúe de una manera específica.

Capítulo 4

El Primer Principio en la Ciencia de Hacerse Rico

El pensamiento es el poder principal que puede transformar la sustancia sin forma en riquezas tangibles. La materia que compone todas las cosas es una sustancia pensante, y un pensamiento de forma en esta sustancia origina esa forma.

La sustancia original actúa de acuerdo con sus pensamientos; cada forma y proceso observable en la naturaleza es la manifestación visible de un pensamiento en la sustancia original. Cuando la Materia Sin Forma concibe una forma, adopta esa forma; cuando concibe un movimiento, realiza ese movimiento. Así es como se han creado todas las cosas. Vivimos en un mundo de pensamientos, que forma parte de un universo de pensamientos.

El pensamiento de un universo en movimiento se difundió por toda la Sustancia Sin Forma, y la Materia Pensante, siguiendo ese pensamiento, tomó la forma de sistemas planetarios, manteniendo esa forma. La Materia Pensante asume la forma de su pensamiento y se mueve conforme a él. Al mantener la idea de un sistema de soles y mundos circundantes, toma la forma de estos cuerpos y los mueve de acuerdo a su pensamiento. Pensando en la forma de un roble que crece lentamente, se mueve en consecuencia y produce el árbol, aunque este proceso pueda llevar siglos. Al crear, la Materia Sin Forma parece seguir las líneas de movimiento que ha establecido; el pensamiento de un roble no produce instantáneamente un árbol completamente desarrollado, pero activa las fuerzas que generarán el árbol según las líneas de crecimiento establecidas.

Todo pensamiento de forma sostenido en la Sustancia Pensante provoca la creación de esa forma, aunque generalmente a lo largo de líneas de crecimiento y acción ya existentes. El pensamiento de una casa de cierta construcción, si se imprime en la Sustancia Sin Forma, puede que no cause la formación instantánea de la casa, pero activaría las energías creativas que ya operan en el comercio, facilitando la rápida construcción de la casa. Y si no existieran canales a través de los cuales la energía creativa pudiera actuar, entonces la casa se formaría directamente a partir de la sustancia primordial, sin los lentos procesos del mundo orgánico e inorgánico.

Ningún pensamiento de forma puede ser impreso en la Sustancia Original sin causar la creación de esa forma. El ser humano es un centro pensante y puede generar pensamientos. Todas las formas que el ser humano crea con sus manos deben primero existir en su pensamiento; no puede dar forma a algo hasta que lo haya pensado.

Hasta ahora, el ser humano ha limitado sus esfuerzos principalmente al trabajo manual, aplicando esfuerzo físico para modificar o alterar las formas existentes en el mundo. No ha considerado seriamente la posibilidad de crear nuevas formas al imprimir sus pensamientos en la Sustancia Sin Forma.

Cuando una persona tiene una forma de pensamiento, toma el material de las formas de la naturaleza y crea una imagen de esa forma en su mente.

Hasta ahora, ha hecho poco o ningún esfuerzo para cooperar con la Inteligencia sin Forma; para trabajar "con el Padre". No ha considerado que puede "hacer lo que ve hacer al Padre". El ser humano remodela y modifica las formas existentes mediante el trabajo manual; no ha prestado atención a la posibilidad de producir cosas a partir de la Sustancia Sin Forma mediante la comunicación de sus pensamientos. Proponemos demostrar que esto es posible; demostrar que cualquier persona puede hacerlo y mostrar cómo. Como primer paso, debemos establecer tres proposiciones fundamentales.

Primero, afirmamos que existe una materia original sin forma, o sustancia, de la que están hechas todas las cosas. Todos los elementos aparentemente numerosos no son más que diferentes presentaciones de un solo elemento; todas las muchas formas que se encuentran en la naturaleza orgánica e inorgánica no son más que diferentes formas hechas de la misma materia. Y esta materia es pensante; un pensamiento mantenido en ella produce la forma del pensamiento. El pensamiento, en la sustancia pensante, produce formas. El ser humano es un centro pensante, capaz de generar pensamientos originales; si puede comunicar su pensamiento a la sustancia pensante original, puede provocar la creación o formación de lo que piensa.

Para resumir:
- Existe una materia pensante de la que están hechas todas las cosas y que, en su estado original, impregna, penetra y llena los intersticios del universo.
- Un pensamiento en esta sustancia produce la cosa que es imaginada por

el pensamiento.

- El ser humano puede formar cosas en su pensamiento y, al imprimir su pensamiento en la sustancia sin forma, puede hacer que se cree la cosa en la que piensa.

Se puede cuestionar si es posible demostrar estas afirmaciones; y sin entrar en detalles, afirmo que puedo hacerlo, tanto por lógica como por experiencia.

Razonando a partir de los fenómenos de la forma y el pensamiento, llego a una sustancia pensante original; y razonando desde esta sustancia pensante, llego al poder del ser humano para causar la formación de lo que piensa.

Y mediante experimentación, encuentro que este razonamiento es verdadero; y esta es mi prueba más sólida.

Si una persona que lee este libro se enriquece haciendo lo que le dice, eso es una prueba de apoyo a mi afirmación; pero si cada persona que sigue sus instrucciones se enriquece, eso es una prueba concluyente hasta que alguien pase por el proceso y fracase. La teoría es verdadera hasta que el proceso falle; y este proceso no fallará, porque cualquier persona que haga exactamente lo que este libro le indica se hará rica.

He dicho que las personas se enriquecen haciendo las cosas de una manera determinada; y para ello, deben aprender a pensar de una manera específica.

La forma en que una persona hace las cosas es el resultado directo de su forma de pensar.

Para hacer las cosas de la manera que deseas, debes adquirir la capacidad de pensar de la manera que deseas; este es el primer paso para volverse rico.

Pensar lo que se quiere pensar es pensar en la VERDAD, sin importar las apariencias.

Toda persona tiene el poder natural e inherente de pensar lo que quiere, pero requiere mucho más esfuerzo hacerlo que simplemente pensar los pensamientos sugeridos por las apariencias. Pensar según las apariencias es fácil; pensar la verdad sin considerar las apariencias es laborioso, y requiere más esfuerzo que cualquier otro trabajo al que una persona esté llamada.

No hay trabajo que la mayoría de las personas evite tanto como el pensamiento sostenido y consecutivo; es el trabajo más duro del mundo. Esto es especialmente cierto cuando la verdad es contraria a las apariencias. Toda apariencia en el mundo visible tiende a producir una forma correspondiente en la mente que la observa; y esto solo puede evitarse manteniendo el pensamiento de la VERDAD.

Ver la apariencia de la enfermedad creará la forma de la enfermedad en tu mente, y eventualmente en tu cuerpo, a menos que mantengas el pensamiento de la verdad, que es que no hay enfermedad; es solo una apariencia, y la realidad es la salud.

Ver las apariencias de la pobreza creará formas correspondientes en tu propia mente, a menos que te aferres a la verdad de que no hay pobreza; solo hay abundancia.

Pensar en la salud cuando estás rodeado de apariencias de enfermedad, o pensar en la riqueza cuando estás en medio de apariencias de pobreza, requiere poder; pero quien adquiere este poder se convierte en una MENTE MAESTRA. Puede conquistar el destino; puede obtener lo que desea.

Este poder solo puede adquirirse si se comprende el hecho fundamental que subyace a todas las apariencias; y ese hecho es que hay una Sustancia Pensante, de la cual y por la cual están hechas todas las cosas.

Entonces debemos entender la verdad de que todo pensamiento sostenido en esta sustancia se convierte en una forma, y que el ser humano puede imprimir sus pensamientos en Ella de tal manera que los haga tomar forma y convertirse en cosas visibles.

Cuando comprendemos esto, perdemos todas las dudas y miedos, porque sabemos que podemos crear lo que queremos crear; podemos obtener lo que queremos tener, y podemos llegar a ser lo que queremos ser. Como primer paso para hacerse rico, debes creer en las tres afirmaciones fundamentales dadas anteriormente en este capítulo; y para enfatizarlas,

las repito aquí:

- Hay una materia pensante de la que están hechas todas las cosas y que, en su estado original, impregna, penetra y llena los intersticios del universo.
- Un pensamiento en esta sustancia produce la cosa que es imaginada por el pensamiento.
- El ser humano puede formar cosas en su pensamiento y, al imprimir su pensamiento en la sustancia sin forma, puede hacer que se cree la cosa en la que piensa.

Debes dejar de lado todos los demás conceptos del universo que no sean este monista; y debes insistir en él hasta que se haya fijado en tu mente y se haya convertido en tu pensamiento habitual. Lee una y otra vez estas declaraciones del credo; fija cada palabra en tu memoria y medita sobre ellas hasta que creas firmemente en lo que dicen. Si surge alguna duda, deséchala como si fuera un pecado. No escuches argumentos en contra de esta idea; no asistas a iglesias o conferencias donde se enseñe o predique un concepto contrario. No leas revistas o libros que enseñen una idea diferente; si te confundes en tu fe, todos tus esfuerzos serán en vano.

No te cuestiones por qué estas cosas son verdaderas, ni especules sobre cómo pueden serlo; simplemente confía en ellas.

La ciencia de hacerse rico comienza con la aceptación absoluta de esta fe.

Capítulo 5

Incremento de Vida

Debes dejar atrás por completo la antigua idea de que existe una Deidad que desea que vivas en pobreza o que sus propósitos se cumplen manteniéndote pobre. La Sustancia Inteligente, que es todo y está en todo, que vive en todo y en ti, es una Sustancia consciente de sí misma. Como tal, tiene el deseo natural e inherente de toda inteligencia viviente de expandir la vida. Toda entidad viviente busca continuamente aumentar su existencia, porque la vida, en el mero acto de vivir, se incrementa a sí misma.

Por ejemplo, una semilla plantada en el suelo se activa y, en el proceso de vivir, produce muchas más semillas; la vida, al vivir, se multiplica. Siempre está evolucionando hacia algo más; debe hacerlo para continuar existiendo. La inteligencia está sujeta a esta misma necesidad de crecimiento continuo. Cada pensamiento que tenemos conduce a otro pensamiento; la conciencia se expande continuamente. Cada hecho que aprendemos nos lleva a descubrir otro hecho; el conocimiento está en constante aumento. Cada talento que cultivamos nos impulsa a desarrollar otro talento; estamos sujetos al impulso de la vida, que siempre busca expresión, empujándonos a saber más, hacer más y ser más.

Para saber más, hacer más y ser más, necesitamos más recursos; necesitamos cosas que usar, porque aprendemos, hacemos y nos convertimos en algo más al usar cosas. Debemos enriquecernos para poder vivir más plenamente. El deseo de riqueza es simplemente la capacidad de una vida más grande buscando realización; todo deseo es el esfuerzo de una posibilidad no expresada por manifestarse. Es la vida, buscando una expresión más plena, lo que genera el deseo de más dinero. Lo que te impulsa a desear más dinero es el mismo principio que hace crecer a una planta; es la Vida, buscando una expresión más plena.

La Sustancia Viva Única está sujeta a esta ley inherente a toda vida; está impregnada del deseo de expandirse y por eso necesita crear cosas. La Sustancia Única desea vivir más plenamente en ti; por eso quiere que tengas todo lo que puedas usar.

El deseo de Dios es que te enriquezcas. Él quiere que te enriquezcas porque puede expresarse mejor a través de ti si tienes muchas cosas que usar para manifestar su voluntad. Él puede vivir más plenamente en ti si tienes un dominio ilimitado de los medios para vivir.

El universo desea que tengas todo lo que quieras. La naturaleza es tu aliada en tus planes. Todo está naturalmente a tu favor. Decídete a aceptar esto como cierto.

Sin embargo, es esencial que tu propósito esté alineado con el propósito universal. Debes desear la vida real, no simplemente placer o gratificación sensorial. La vida es el desempeño de una función; y un individuo sólo vive plenamente cuando realiza todas las funciones físicas, mentales y espirituales de las que es capaz, sin exagerar en ninguna.

No buscas enriquecerte para vivir de manera despreocupada, simplemente para satisfacer deseos básicos; eso no es vida. Pero la realización de todas las funciones físicas es parte de la vida, y no vive plenamente quien niega a su cuerpo una expresión normal y saludable. No deseas enriquecerte solo para disfrutar de placeres intelectuales, adquirir conocimientos, satisfacer ambiciones, eclipsar a otros o ser famoso. Todo esto es parte legítima de la vida, pero la persona que vive solo para los placeres intelectuales llevará una vida incompleta y nunca estará completamente satisfecha.

No deseas enriquecerte únicamente para beneficiar a los demás, sacrificarte por el bienestar de la humanidad, experimentar las alegrías de la filantropía y el sacrificio. Las alegrías del alma son sólo una parte de la vida; y no son ni mejores ni más nobles que cualquier otra parte.

Deseas enriquecerte para poder comer, beber y disfrutar cuando sea el momento adecuado para ello; para poder rodearte de cosas bellas, ver tierras lejanas, nutrir tu mente y desarrollar tu intelecto; para poder amar a las personas y hacer cosas bondadosas, y poder contribuir a que el mundo encuentre la verdad.

Recuerda que el altruismo extremo no es mejor ni más noble que el egoísmo extremo; ambos son errores. Debes deshacerte de la idea de que Dios quiere que te sacrifiques por los demás, y que puedes ganar su favor haciéndolo; Dios no exige eso. Lo que quiere es que desarrolles lo mejor de ti mismo, tanto para ti como para los demás; y puedes ayudar a otros más al sacar lo mejor de ti mismo que de cualquier otra manera.

Solo puedes alcanzar tu máximo potencial enriqueciéndote; por lo tanto, es justo y loable que dediques tu mejor pensamiento y esfuerzo a la tarea de adquirir riqueza. Recuerda, sin embargo, que el deseo de la Sustancia es para todos, y sus acciones deben ser para una mayor vida para todos; no se puede hacer que trabaje para reducir la vida de alguien, porque está igualmente presente en todos, buscando riqueza y vida.

La Sustancia inteligente creará cosas para ti, pero no le quitará cosas a otros para dártelas a ti. Debes liberarte de la mentalidad de competencia. Estás aquí para crear, no para competir por lo que ya ha sido creado.

No es necesario quitarle nada a nadie. No es necesario participar en ofertas más bajas. No necesitas engañar ni aprovecharte de nadie. No debes permitir que nadie trabaje para ti por menos de lo que merece ganar. No debes codiciar la propiedad de otros, ni mirarla con envidia; nadie tiene algo que tú no puedas tener, y eso sin quitarle lo que posee.

Vas a convertirte en un creador, no en un competidor; vas a conseguir lo que deseas de tal manera que cuando lo obtengas, todos los demás también tendrán más de lo que tienen ahora.

Soy consciente de que hay personas que han acumulado grandes cantidades de dinero actuando en directa oposición a las afirmaciones anteriores, y puedo añadir una aclaración aquí. Algunas personas han logrado riqueza debido a su habilidad extraordinaria en el plano de la competencia; y a veces, sin darse cuenta, están alineadas con los grandes propósitos y movimientos de la Sustancia para el progreso general de la humanidad a través de la evolución industrial. Figuras como Rockefeller, Carnegie y Morgan han sido agentes inconscientes del Supremo en el necesario trabajo de sistematizar y organizar la industria productiva; y al final, su trabajo contribuirá significativamente a aumentar la vida para todos. Su era está llegando a su fin; han organizado la producción, y pronto serán reemplazados por agentes del pueblo, que organizarán la distribución.

Los multimillonarios son como los grandes reptiles de las eras prehistóricas; desempeñan un papel necesario en el proceso evolutivo, pero el mismo Poder que los produjo se deshará de ellos. Y es importante recordar que nunca han sido realmente ricos; una mirada a las vidas privadas de la mayoría de esta clase mostrará que han sido los más miserables y pobres de todos.

Las riquezas obtenidas en el plano competitivo nunca son satisfactorias ni permanentes; hoy son tuyas y mañana pueden pertenecer a otro. Recuerda que si quieres enriquecerte de una manera científica y segura, debes abandonar por completo la mentalidad competitiva. No debes pensar ni por un momento que la oferta es limitada. Tan pronto como empieces a pensar que todo el dinero está siendo "acorralado" y controlado por banqueros y otros, y que debes esforzarte para aprobar leyes que detengan este proceso, etc.; en ese momento caes en la mentalidad competitiva, y tu poder para provocar la creación desaparece por un tiempo; y lo que es peor, probablemente detendrás los movimientos creativos que ya has iniciado.

SABE que hay incontables millones de dólares de oro en las montañas de la tierra que aún no han sido descubiertos; y sabe que si no los hubiera, se crearían más a partir de la Sustancia Pensante para satisfacer tus necesidades.

Sepa que el dinero que necesitas llegará, incluso si es necesario que mañana mil hombres sean llevados al descubrimiento de nuevas minas de oro. Nunca mires el suministro visible; mira siempre las riquezas ilimitadas en la Sustancia Sin Forma, y SABE que están llegando a ti tan rápido como puedas recibirlas y utilizarlas. Nadie, acaparando el suministro visible, puede impedirte obtener lo que es tuyo.

Así que no te permitas pensar ni por un instante que todos los mejores lugares para construir estarán ocupados antes de que estés listo para construir tu casa, a menos que te apresures. No te preocupes por los fideicomisos y las grandes corporaciones, ni te angusties pensando que pronto poseerán toda la tierra. Nunca temas perder lo que deseas porque otra persona "te gane". Eso no puede suceder; no estás buscando nada que posea otra persona; estás haciendo que lo que deseas se cree a partir de la Sustancia Sin Forma, y el suministro es ilimitado. Apégate a la afirmación:

- Hay una materia pensante de la que están hechas todas las cosas y que, en su estado original, impregna, penetra y llena los intersticios del universo.
- Un pensamiento en esta sustancia produce la cosa que es imaginada por el pensamiento.
- El ser humano puede formar cosas en su pensamiento y, al imprimir su pensamiento en la sustancia sin forma, puede hacer que se cree la cosa en

la que piensa.

Capítulo 6

Cómo llega la riqueza

Cuando menciono que no es necesario hacer negocios agresivos o injustos, no quiero decir que debas evitar las transacciones o que no debas interactuar con otras personas. Lo que quiero decir es que no debes tratar a los demás injustamente; no necesitas obtener algo a cambio de nada, sino que puedes dar a cada persona más de lo que tomas de ella.

No puedes dar a cada persona más valor de mercado del que recibes, pero puedes proporcionar más valor de uso que el valor monetario que obtienes a cambio. Por ejemplo, el papel, la tinta y otros materiales de este libro pueden no valer el dinero que pagaste por él; pero si las ideas contenidas en él te generan miles de dólares, no habrás sido perjudicado por quienes lo vendieron; te habrán dado un gran valor de uso por un pequeño valor en efectivo.

Supongamos que tengo una pintura de un gran artista que, en cualquier comunidad civilizada, valdría miles de dólares. Si llevo esta pintura a la Bahía de Baffin y logro convencer a un esquimal de cambiar un paquete de pieles con un valor de 500 dólares por la pintura, realmente lo habré perjudicado, porque la pintura no tiene ningún valor de uso para él; no aporta nada a su vida.

Pero si, en cambio, le doy un rifle con un valor de 50 dólares a cambio de sus pieles, entonces habrá hecho un buen negocio. El rifle le será útil; con él, podrá obtener muchas más pieles y alimentos; mejorará su vida en todos los aspectos y lo hará más rico.

Cuando te elevas del plano competitivo al creativo, puedes analizar tus transacciones comerciales de manera más estricta, y si estás vendiendo algo que no añade más a la vida de una persona de lo que te da a cambio, puedes detenerte. En los negocios, no se trata de sacar ventaja de nadie. Si estás en un negocio que perjudica a las personas, sal de él de inmediato.

Debes dar a cada persona más valor de uso de lo que tomas en valor monetario; de esta manera, estarás contribuyendo al bienestar del mundo con cada transacción comercial.

Si tienes empleados, es probable que obtengas más valor monetario de ellos de lo que les pagas en salarios; pero puedes estructurar tu negocio de tal manera que esté lleno del principio de progreso, permitiendo que cada empleado que lo desee pueda avanzar un poco cada día.

Puedes hacer que tu negocio haga por tus empleados lo que este libro hace por ti. Puedes dirigir tu empresa de manera que sea como una escalera en la que cada empleado, si se esfuerza, pueda ascender hacia la riqueza; y si tienen la oportunidad y no lo hacen, no será tu responsabilidad.

Finalmente, aunque debes crear tu riqueza a partir de la Sustancia Sin Forma que impregna todo tu entorno, no significa que deban materializarse ante tus ojos de la nada. Si deseas una máquina de coser, no te estoy diciendo que imprimas el pensamiento de una máquina de coser en la

Sustancia del Pensamiento hasta que la máquina aparezca mágicamente en la habitación donde te encuentras. Sin embargo, si deseas una máquina de coser, mantén la imagen mental de ella con la certeza más positiva de que se está creando o está en camino hacia ti. Una vez formado el pensamiento, ten la fe más absoluta de que la máquina de coser está llegando; nunca pienses en ella ni hables de ella de otra manera que no sea con la certeza de que llegará. Reclámala como si ya fuera tuya.

Será traída a ti por el poder de la Inteligencia Suprema, actuando sobre las mentes de las personas. Si vives en Maine, puede que un hombre sea traído de Texas o Japón para participar en alguna transacción que resulte en que obtengas lo que deseas.

Si esto sucede, todo el proceso será tan beneficioso para esa persona como para ti.

No olvides ni por un momento que la Sustancia Pensante está en todo, comunicándose con todo y puede influir en todo. El deseo de la Sustancia Pensante de tener una vida más plena y mejor ha causado la creación de todas las máquinas de coser que ya existen; y puede causar la creación de millones más, siempre que las personas la pongan en movimiento a través del deseo y la fe, y actuando de cierta manera.

Definitivamente puedes tener una máquina de coser en tu casa; y es igualmente cierto que puedes tener cualquier otra cosa que desees y que utilizarás para tu propio progreso y el de los demás.

No dudes en pedir en gran medida; "a tu Padre le gusta darte el reino", dijo Jesús.

La Sustancia Original quiere vivir lo más plenamente posible en ti y desea que tengas todo lo que puedas o quieras usar para vivir la vida más abundante.

Si fijas en tu conciencia el hecho de que el deseo que sientes por la posesión de riquezas es uno con el deseo de la Omnipotencia por una expresión más completa, tu fe se volverá invencible.

Recuerdo una vez ver a un niño pequeño sentado al piano, tratando en vano de tocar música armoniosa; y vi que estaba afligido por su incapacidad para tocar música de verdad. Le pregunté la causa de su frustración, y respondió: "Puedo sentir la música dentro de mí, pero no puedo hacer que mis manos toquen bien". La música en él era el impulso de la Sustancia Original, que contiene todas las posibilidades de toda la vida; todo lo que hay de música buscaba expresión a través del niño.

Dios, la Sustancia Única, está tratando de vivir, hacer y disfrutar cosas a través de la humanidad. Está diciendo: "Quiero que las manos construyan estructuras maravillosas, toquen armonías divinas, pinten cuadros gloriosos; quiero que los pies hagan mis recados, que los ojos vean mis bellezas, que las lenguas digan verdades poderosas y canten canciones maravillosas", y así sucesivamente.

Todo lo que es posible busca su expresión a través de los seres humanos.

Dios quiere que quienes saben tocar música tengan pianos y cualquier otro instrumento, y que tengan los medios para cultivar sus talentos al máximo; quiere que quienes saben apreciar la belleza puedan rodearse de cosas bellas; quiere que quienes saben discernir la verdad tengan todas las oportunidades para viajar y observar; quiere que quienes saben apreciar la moda estén bien vestidos, y que quienes disfrutan de la buena comida puedan alimentarse lujosamente.

Él quiere todas estas cosas porque es Él mismo quien las disfruta y aprecia; es Dios quien quiere jugar, cantar, disfrutar de la belleza, proclamar la verdad, vestir ropas finas y comer buenos alimentos.

"Es Dios quien obra en vosotros el querer y el hacer", dijo Pablo.

El deseo que sientes por las riquezas es el Infinito buscando expresarse a través de ti, tal como buscó expresarse a través del niño al piano.

Así que no dudes en pedir en gran medida.

Tu parte es enfocar y expresar los deseos de Dios.

Este es un punto difícil para muchas personas; conservan algo de la vieja idea de que la pobreza y el autosacrificio son agradables a Dios. Consideran la pobreza como una parte del plan, una necesidad de la naturaleza. Piensan que Dios ha terminado su obra y ha hecho todo lo que puede hacer, y que la mayoría de las personas deben permanecer pobres porque no hay suficiente para todos. Se aferran tanto a este pensamiento erróneo que se avergüenzan de pedir riquezas; tratan de no desear más que una modesta competencia, lo suficiente para estar cómodos.

Recuerdo el caso de un estudiante que fue instruido para tener en mente una imagen clara de las cosas que deseaba, para que el pensamiento creativo de las mismas se imprimiera en la Sustancia Sin Forma. Era un hombre muy pobre, viviendo en una casa alquilada, y que sólo tenía lo que ganaba día a día; y no podía comprender el hecho de que toda la riqueza era suya. Así que, después de pensarlo, decidió que podía pedir razonablemente una alfombra nueva para el suelo de su mejor habitación y una estufa de carbón de antracita para calentar la casa durante el invierno. Siguiendo las instrucciones de este libro, consiguió estas cosas en unos pocos meses; y luego se dio cuenta de que no había pedido lo suficiente. Entonces imaginó la casa en la que vivía y planificó todas las mejoras que le gustaría hacer en ella; añadió mentalmente un mirador por aquí y una habitación por allá, hasta que tuvo completa en su mente su casa ideal; luego planificó su mobiliario.

Con la imagen completa en su mente, comenzó a vivir en el Camino Seguro y a avanzar hacia lo que quería; y ahora es dueño de la casa y la está remodelando según su imagen mental. Y ahora, con una fe aún mayor, va a obtener cosas más grandes. Le ha sucedido según su fe, y así será contigo y con todos nosotros.

Capítulo 7

Gratitud

Las ilustraciones del capítulo anterior habrán transmitido al lector que el primer paso para alcanzar la riqueza es comunicar tus deseos a la Sustancia Sin Forma. Esto es esencial, y para lograrlo, es necesario relacionarse de manera armoniosa con la Inteligencia Sin Forma.

Asegurar esta relación armoniosa es de una importancia primordial y vital, por lo que dedicaré algún espacio para discutirlo y proporcionar instrucciones que, si se siguen, seguramente llevarán a una perfecta unión de mente con Dios.

Todo el proceso de ajuste mental y expiación puede resumirse en una sola palabra: gratitud.

Primero, debes creer que existe una Sustancia Inteligente de la cual proceden todas las cosas; segundo, debes creer que esta Sustancia te proporciona todo lo que deseas; y tercero, debes relacionarte con Ella mediante un profundo y sincero sentimiento de gratitud.

Muchas personas que ordenan su vida correctamente en todos los demás aspectos permanecen en la pobreza debido a su falta de gratitud. Después de recibir un regalo de Dios, cortan los lazos que los conectan con Él al no reconocerlo con agradecimiento.

Es fácil entender que cuanto más cerca vivamos de la fuente de la riqueza, más riqueza recibiremos; y también es fácil entender que el alma que siempre es agradecida vive en un contacto más estrecho con Dios que aquella que nunca muestra gratitud.

Cuanto más agradecidos estemos al Supremo cuando recibimos cosas buenas, más cosas buenas recibiremos y más rápido llegarán; la razón es simplemente que la actitud mental de gratitud hace que la mente entre en un contacto más estrecho con la fuente de las bendiciones.

Si es un pensamiento nuevo para ti que la gratitud hace que tu mente esté en mayor armonía con las energías creativas del universo, reflexiona sobre ello y verás que es cierto. Las cosas buenas que ya tienes han llegado a ti mediante la obediencia a ciertas leyes. La gratitud orientará tu mente hacia los caminos por los que vienen estas cosas y te mantendrá en armonía con el pensamiento creativo, evitando que caigas en la mentalidad competitiva.

Sólo la gratitud puede mantenerte enfocado en el Todo, evitando el error de pensar que los recursos son limitados; tal pensamiento sería fatal para tus esperanzas.

Existe una Ley de la Gratitud, y es absolutamente necesario que la observes si deseas obtener los resultados que buscas. La ley de la gratitud es el principio natural de que la acción y la reacción son siempre iguales y opuestas.

La expresión agradecida de tu mente en alabanza al Supremo es una liberación de fuerza; esta acción no puede dejar de alcanzar aquello a lo que se dirige, y la reacción es un movimiento instantáneo hacia ti. "Acércate a Dios, y Él se acercará a ti". Esta es una declaración de verdad psicológica.

Y si tu gratitud es fuerte y constante, la reacción en la Sustancia Sin Forma será fuerte y continua; el movimiento de las cosas que deseas siempre se dirigirá hacia ti. Observa la actitud de agradecimiento que adoptó Jesús; parecía estar siempre diciendo: "Te doy gracias, Padre, porque me escuchas". No puedes ejercer mucho poder sin gratitud; porque es la gratitud la que te mantiene conectado con el Poder.

Pero el valor de la gratitud no reside solo en conseguir más bendiciones en el futuro. Sin gratitud, no puedes evitar caer en pensamientos de insatisfacción con respecto a cómo son las cosas. En el momento en que permites que tu mente se concentre en la insatisfacción con las cosas tal como son, comienzas a perder terreno. Fijas la atención en lo común, lo ordinario, lo pobre y lo mediocre, y tu mente toma la forma de estas cosas. Entonces, transmitirás estas imágenes mentales a la Sustancia Sin Forma, y lo común, lo pobre, lo mediocre y lo mezquino llegarán a ti.

Permitir que tu mente se fije en lo inferior es volverse inferior y rodearse de cosas inferiores. Por otro lado, concentrar tu atención en lo mejor es rodearte de lo mejor y convertirte en lo mejor.

El Poder Creativo en nosotros nos transforma en la imagen de aquello en lo que enfocamos nuestra atención. Somos sustancia pensante, y la sustancia pensante siempre toma la forma de aquello en lo que piensa.

La mente agradecida se fija constantemente en lo mejor; por lo tanto, tiende a convertirse en lo mejor; toma la forma o carácter de lo mejor y recibirá lo mejor.

Además, la fe nace de la gratitud. La mente agradecida espera continuamente cosas buenas, y la expectativa se convierte en fe. La reacción de la gratitud sobre la mente produce fe; y cada ola de gratitud aumenta la fe. Quien no siente gratitud no puede mantener por mucho tiempo una fe viva; y sin una fe viva, no se puede prosperar por el método creativo, como veremos en los próximos capítulos.

Es necesario, pues, cultivar el hábito de agradecer cada cosa buena que te llegue; y dar gracias continuamente.

Y como todas las cosas han contribuido a tu progreso, debes incluir todas las cosas en tu gratitud.

No pierdas tiempo pensando o hablando sobre los defectos o errores de los plutócratas o los magnates de los trusts. Su organización del mundo ha creado tu oportunidad; todo lo que obtienes realmente te llega gracias a ellos.

No te enfurezcas con los políticos corruptos; si no fuera por los políticos, caeríamos en la anarquía, y tu oportunidad sería mucho menor.

Dios ha trabajado durante mucho tiempo y con gran paciencia para llevarnos al punto en el que estamos en términos de industria y gobierno, y continúa con su trabajo. No hay duda de que eventualmente acabará con los plutócratas, los magnates de los trusts, los capitanes de la industria y los políticos tan pronto como sea posible; pero mientras tanto, todos ellos son buenos. Recuerda que todos ellos están ayudando a organizar las líneas de transmisión a través de las cuales tus riquezas llegarán a ti, y sé agradecido con todos ellos. Esto te hará entrar en relaciones armoniosas con lo bueno en todo, y lo bueno en todo se moverá hacia ti.

Capítulo 8

Pensar de forma correcta

Para comenzar el proceso de enriquecimiento, es crucial formar una imagen mental clara y definida de lo que deseas. No puedes transmitir una idea a la Sustancia Sin Forma si no tienes una imagen precisa de lo que deseas. Antes de poder transmitir una idea, debes poseerla claramente tú mismo. Muchas personas no logran impresionar a la Sustancia Pensante porque sus conceptos de lo que quieren hacer, tener o llegar a ser son vagos y nebulosos.

No basta con tener un deseo general de riqueza "para hacer el bien"; todos tienen ese deseo. Tampoco es suficiente querer viajar, ver cosas o vivir más plenamente; esos son deseos comunes. Si fueras a enviar un mensaje inalámbrico a un amigo, no enviarías simplemente las letras del alfabeto en orden y esperarías que él construyera el mensaje por sí mismo; tampoco tomarías palabras al azar del diccionario. Enviarías un mensaje coherente, con significado.

Al transmitir tus deseos a la Sustancia, debes hacerlo de manera clara y coherente; necesitas saber exactamente lo que quieres y ser específico. No podrás enriquecer ni activar el poder creativo enviando anhelos no formados y deseos vagos.

Revisa tus deseos de la misma manera que el hombre descrito en el capítulo anterior revisó su casa; visualiza con precisión lo que quieres y crea una imagen mental clara de cómo deseas que sea cuando lo consigas. Debes mantener esta imagen mental clara en tu mente todo el tiempo, de la misma manera que un marinero mantiene el puerto de destino en su mente. Debes mantener tu enfoque en ella constantemente. No necesitas realizar ejercicios de concentración, ni reservar tiempos especiales para la oración o afirmaciones, ni "entrar en el silencio", ni realizar ninguna acrobacia oculta. Estas cosas pueden ser útiles, pero lo esencial es que sepas lo que quieres y lo desees lo suficiente como para que permanezca en tus pensamientos.

Dedica todo el tiempo libre que puedas a contemplar tu imagen mental, pero nadie necesita ejercicios especiales para concentrarse en algo que realmente quiere; son las cosas que realmente no te importan las que requieren esfuerzo para concentrarse en ellas. Si no deseas realmente hacerte rico con suficiente intensidad como para que tus pensamientos estén constantemente dirigidos hacia ese objetivo, no valdrá la pena intentar seguir las instrucciones de este libro.

Los métodos aquí expuestos son para personas cuyo deseo de riqueza es lo suficientemente fuerte como para superar la pereza mental y el amor a la comodidad, y que están dispuestas a trabajar para lograrlo.

Cuanto más clara y definida sea tu imagen mental, y cuanto más te detengas en ella, destacando todos sus detalles, más fuerte será tu deseo; y cuanto más fuerte sea tu deseo, más fácil será mantener tu mente enfocada en la imagen de lo que quieres.

Sin embargo, no basta con simplemente visualizar la imagen con claridad. Si eso es todo lo que haces, eres solo un soñador, y tendrás poco o ningún poder de realización. Detrás de tu visión clara debe haber un propósito firme de realizarla; de llevarla a la realidad física.

Y detrás de este propósito debe haber una fe invencible e inquebrantable de que la cosa ya es tuya; que está "a la mano" y solo necesitas tomar posesión de ella.

Vive en la nueva casa, mentalmente, hasta que tome forma a tu alrededor físicamente. En tu mente, disfruta plenamente de las cosas que deseas, como si ya fueran tuyas. "Todo lo que pidáis en oración, creed que lo recibiréis y lo tendréis", dijo Jesús.

Ve las cosas que deseas como si estuvieran realmente a tu alrededor todo el tiempo; imagina que las posees y las usas. Úsalas en tu imaginación tal como lo harás cuando sean tus posesiones tangibles. Reflexiona sobre tu imagen mental hasta que sea clara y vívida, y luego adopta una Actitud Mental de Propiedad hacia todo lo que aparece en esa imagen.

Toma posesión de ello en tu mente con la plena fe de que realmente es tuyo. Mantén esta propiedad mental; no vaciles ni un instante en la fe de que es real.

Y recuerda lo que se dijo en un capítulo anterior sobre la gratitud; sé tan agradecido por estas cosas en tu mente como esperas serlo cuando tomen forma. El hombre que puede agradecer sinceramente a Dios por las cosas que solo posee en su imaginación tiene verdadera fe. Se enriquecerá; provocará la creación de todo lo que desee.

No es necesario rezar repetidamente por las cosas que deseas; no necesitas recordárselo a Dios todos los días. "No uséis vanas repeticiones como hacen los paganos", dijo Jesús a sus discípulos, "porque vuestro Padre sabe que tenéis necesidad de estas cosas antes de pedírselas".

Tu parte es formular inteligentemente tus deseos por las cosas que hacen una vida más grande, y organizar estos deseos en un todo coherente; luego, imprime este Deseo Total en la Sustancia Sin Forma, que tiene el poder y la voluntad de traerte lo que deseas.

No se hace esta impresión repitiendo cadenas de palabras; se hace sosteniendo la visión con el inquebrantable propósito de alcanzarla, y con la firme fe de que la alcanzas.

La respuesta a la oración no es según tu fe mientras hablas, sino según tu fe mientras actúas.

No puedes impresionar la mente de Dios teniendo un día especial de oración para decirle lo que quieres, y luego olvidándote de Él durante el resto de la semana. No puedes impresionarlo teniendo horas especiales para entrar en tu armario y orar, si luego dejas de pensar en el asunto hasta que llega la hora de la oración nuevamente.

La oración verbal está bien y tiene su efecto, especialmente en ti mismo, para aclarar tu visión y fortalecer tu fe; pero no son tus palabras las que te consiguen lo que deseas. Para enriquecerte, no necesitas una "dulce hora de oración"; necesitas "orar sin cesar". Y por oración me refiero a mantener firmemente tu visión, con el propósito de hacerla realidad y la fe de que lo estás logrando.

"Creed que los recibiréis".

Todo gira en torno a la recepción, una vez que has formado claramente tu visión. Cuando la hayas formado, es bueno hacer una declaración oral, dirigiéndote al Supremo en oración reverente; y desde ese momento debes, en tu mente, recibir lo que has pedido. Vive en la nueva casa; usa la ropa fina; viaja en el automóvil; emprende el viaje, y planifica con confianza viajes mayores. Piensa y habla de todas las cosas que has pedido en términos de propiedad actual. Imagina un ambiente y una condición financiera exactamente como los deseas, y vive todo el tiempo en ese ambiente y condición financiera imaginarios. Sin embargo, no lo hagas como un mero soñador o constructor de castillos en el aire; mantén la fe de que lo imaginario se está realizando, y el propósito de realizarlo. Recuerda que es la fe y el propósito en el uso de la imaginación lo que marca la diferencia entre el científico y el soñador. Y habiendo aprendido esto, es aquí donde debes aprender el uso adecuado de la Voluntad.

Capítulo 9

El testamento

Para comenzar a enriquecerse de manera científica, es fundamental evitar aplicar tu fuerza de voluntad a algo o alguien fuera de ti mismo. No tienes derecho a hacerlo, y es un error intentar imponer tu voluntad sobre otras personas para que hagan lo que deseas. Coaccionar a las personas mediante el poder mental es tan incorrecto como hacerlo mediante el poder físico; ambas prácticas son formas de esclavitud, y tomar cosas de los demás mediante cualquier forma de coacción es, en esencia, un robo.

La ciencia de hacerse rico no requiere que uses poder o fuerza sobre otros en ninguna forma. Cualquier intento de usar tu voluntad sobre otros solo frustrará tu propósito. No es necesario aplicar tu voluntad a las cosas para obligarlas a venir a ti; eso sería como intentar coaccionar a Dios, lo cual es tanto inútil como irreverente. No necesitas obligar a Dios a darte cosas buenas, así como no necesitas usar tu fuerza de voluntad para hacer que salga el sol.

Tu voluntad debe aplicarse solo a ti mismo. Cuando sabes lo que debes pensar y hacer, usa tu voluntad para obligarte a pensar y hacer lo correcto. Este es el uso legítimo de la voluntad para obtener lo que deseas: usarla para mantenerte en el camino correcto. Utiliza tu voluntad para mantener tu mente enfocada en el Camino Correcto.

No intentes proyectar tu voluntad, tus pensamientos o tu mente en el espacio para "actuar" sobre cosas o personas. Mantén tu mente centrada en ti mismo; puedes lograr más desde este enfoque que de cualquier otra manera.

Utiliza tu mente para formar una imagen mental clara de lo que deseas y mantener esa visión con fe y propósito. Usa tu voluntad para mantener tu mente trabajando en el Camino Correcto. Cuanto más firmes y constantes sean tu fe y propósito, más rápidamente te enriquecerás, porque harás impresiones POSITIVAS sobre la Sustancia Sin Forma, sin neutralizarlas o contrarrestarlas con impresiones negativas.

La imagen de tus deseos, sostenida con fe y propósito, es captada por la Sustancia Sin Forma, y esta imagen se difunde a grandes distancias, quizás a través del universo. A medida que esta impresión se expande, todas las cosas se ponen en movimiento hacia su realización; todo lo que está vivo, cada cosa inanimada y las cosas aún no creadas, se mueven hacia la realización de lo que deseas. Toda la fuerza comienza a ejercer su influencia en esa dirección; todas las cosas comienzan a moverse hacia ti. Las mentes de las personas, en todas partes, son influenciadas para hacer las cosas necesarias para cumplir tus deseos; y trabajan para ti, a menudo inconscientemente.

Sin embargo, puedes contrarrestar todo esto generando una impresión negativa en la Sustancia Sin Forma. La duda o la incredulidad son tan efectivas para iniciar un alejamiento de tus deseos como lo son la fe y el propósito para atraerlos hacia ti. Muchas personas que intentan utilizar la "ciencia mental" para enriquecerse fracasan porque no comprenden este principio. Cada hora y cada momento que pasas prestando atención a las dudas y temores, cada momento en que tu alma es poseída por la incredulidad, establece una corriente que se aleja de ti en el ámbito de la Sustancia inteligente. Todas las promesas son para quienes creen, y solo para ellos. Fíjate en lo insistente que fue Jesús en este punto de la creencia; y ahora sabes por qué.

Dado que la creencia es lo más importante, debes vigilar tus pensamientos; y como tus creencias se verán moldeadas en gran medida por las cosas a las que prestas atención, es importante que controles tu enfoque.

Y aquí es donde entra en juego la voluntad; porque es por tu voluntad que determinas en qué cosas te centras.

Si deseas hacerte rico, no debes centrarte en la pobreza. Las cosas no se vuelven realidad pensando en sus opuestos. La salud nunca se logra estudiando la enfermedad y pensando en la enfermedad; la rectitud no se promueve estudiando el pecado y pensando en el pecado; y nadie se hizo rico estudiando la pobreza y pensando en la pobreza.

La medicina, como ciencia de la enfermedad, ha incrementado la enfermedad; la religión, como ciencia del pecado, ha promovido el pecado, y la economía, como estudio de la pobreza, ha llenado el mundo de miseria y necesidad.

No hables de la pobreza, no la estudies ni te preocupes por ella. No te preocupes por sus causas; no tienes nada que ver con ellas. Lo que te importa es la solución.

No dediques tiempo a obras de caridad o movimientos de caridad; toda caridad solo perpetúa la miseria que pretende erradicar. No digo que debas ser insensible o carecer de compasión, negándote a escuchar el clamor de la necesidad; pero no debes intentar erradicar la pobreza de las maneras convencionales. Deja atrás la pobreza, junto con todo lo relacionado con ella, y "haz el bien".

Hazte rico; esa es la mejor manera de ayudar a los pobres. No puedes mantener la imagen mental que te llevará a la riqueza si llenas tu mente con imágenes de pobreza. No leas libros o periódicos que relaten la miseria de los habitantes de barrios marginales, los horrores del trabajo infantil, etc. No leas nada que llene tu mente con imágenes sombrías de necesidad y sufrimiento.

No puedes ayudar a los pobres en absoluto conociendo estas cosas; y el conocimiento generalizado de ellas no tiende a eliminar la pobreza.

Lo que tiende a acabar con la pobreza no es llenar tu mente con imágenes de pobreza, sino llenar la mente de los pobres con imágenes de riqueza.

No estás abandonando a los pobres en su miseria cuando te niegas a permitir que tu mente se llene de imágenes de esa miseria. Puedes acabar con la pobreza, no aumentando el número de personas acomodadas que piensan en la pobreza, sino aumentando el número de pobres que se proponen, con fe, hacerse ricos.

Los pobres no necesitan caridad; necesitan inspiración. La caridad solo les da una barra de pan para mantenerlos vivos en su miseria, o les proporciona un entretenimiento para hacerlos olvidar durante unas horas; pero la inspiración los hará salir de su miseria. Si realmente deseas ayudar a los pobres, demuéstrales que pueden enriquecerse; demuéstralo haciéndote rico tú mismo.

La única manera de erradicar la pobreza en este mundo es conseguir que un número creciente de personas practique las enseñanzas de este libro.

Hay que enseñar a la gente a enriquecerse creando, no compitiendo. Todo hombre que se enriquece por la competencia tira la escalera detrás de él, impidiendo que otros suban; pero todo hombre que se enriquece creando abre un camino para que miles lo sigan e inspira a otros a hacerlo.

No estás siendo insensible o de corazón duro al negarte a compadecerte de la pobreza, a verla, a leer sobre ella, o a pensar o hablar sobre ella, o a escuchar a quienes hablan de ella. Usa tu fuerza de voluntad para mantener tu mente FUERA del tema de la pobreza y para mantenerla fija con fe y propósito en la visión de lo que quieres.

Capítulo 10

El uso de la voluntad

Para mantener una visión clara y verdadera de la riqueza, es fundamental evitar dirigir la atención a imágenes opuestas, ya sean externas o imaginarias. No debes enfocarte en tus problemas económicos pasados, si los has tenido, ni hablar de la pobreza de tus padres o las dificultades de tu vida temprana. Hacer esto es como clasificarte mentalmente con los pobres en el presente, lo cual seguramente obstaculizará el movimiento de las cosas en tu dirección.

Como dijo Jesús, "Deja que los muertos entierren a sus muertos". Debes dejar atrás por completo la pobreza y todo lo relacionado con ella. Has aceptado una teoría particular del universo como correcta, y todas tus esperanzas de felicidad descansan en esa creencia; ¿qué puedes ganar prestando atención a teorías conflictivas?

Evita leer libros religiosos que te digan que el mundo se va a acabar pronto, y no leas escritos de críticos y filósofos pesimistas que afirmen que el mundo se dirige al desastre. El mundo no se va al diablo; está avanzando hacia Dios. Es un proceso maravilloso de evolución y crecimiento.

Aunque existan muchas condiciones desagradables en el presente, estudiarlas sólo tiende a frenarlas. ¿Por qué dedicar tiempo y atención a cosas que están siendo eliminadas por el crecimiento evolutivo, cuando podrías acelerar su eliminación promoviendo el crecimiento evolutivo en la medida de tus posibilidades?

No importa cuán terribles parezcan las condiciones en ciertos lugares, enfocarte en ellas solo destruye tus propias posibilidades y esperanza. Debes interesarte en la riqueza que el mundo está alcanzando, no en la pobreza de la que está saliendo; y recuerda que la única manera de ayudar al mundo a enriquecerse es enriqueciéndote tú mismo mediante el método creativo, no el competitivo.

Dedica toda tu atención a la riqueza; ignora la pobreza. Siempre que pienses o hables de los pobres, hazlo refiriéndote a ellos como personas que se están enriqueciendo; habla de ellos como alguien a quien felicitar, no como alguien a quien compadecer. De este modo, ellos y otros captarán la inspiración y comenzarán a buscar una salida.

Decir que debes centrar todo tu tiempo, mente y pensamiento en la riqueza no significa que debas volverte codicioso o mezquino. Hacerse realmente rico es uno de los objetivos más nobles que se pueden tener en la vida, porque incluye todo lo demás. En el plano competitivo, la lucha por la riqueza puede ser una lucha egoísta por el poder sobre otros; pero al entrar en la mente creativa, todo esto cambia.

Todo lo que es posible en el camino de la grandeza y el desarrollo del alma, del servicio y del esfuerzo elevado, viene a través del enriquecimiento; todo se hace posible mediante el uso de las cosas. Si te falta salud física, verás que su consecución está condicionada a que te enriquezcas. Solo aquellos que están libres de las preocupaciones económicas y tienen los medios para vivir sin preocupaciones y seguir prácticas higiénicas pueden tener y mantener la salud.

La grandeza moral y espiritual es posible solo para aquellos que están por encima de la lucha competitiva por la existencia; y solo aquellos que se enriquecen en el plano del pensamiento creativo están libres de las influencias degradantes de la competencia. Si tu corazón está puesto en la felicidad doméstica, recuerda que el amor florece mejor donde hay refinamiento, un alto nivel de pensamiento y libertad de influencias corruptoras; y esto se encuentra solo donde las riquezas se alcanzan mediante el ejercicio del pensamiento creativo, sin lucha ni rivalidad.

No puedes aspirar a nada tan grande o noble como llegar a ser rico; y debes fijar tu atención en tu imagen mental de la riqueza, excluyendo todo lo que pueda oscurecer esa visión.

Debes aprender a ver la VERDAD subyacente en todas las cosas; debes ver debajo de todas las condiciones aparentemente erróneas la Gran Vida Única que siempre avanza hacia una expresión más plena y una felicidad más completa.

Es verdad que no existe la pobreza; solo hay riqueza. Algunas personas permanecen en la pobreza porque ignoran que hay riqueza para ellas; a estas se les puede enseñar mejor mostrándoles el camino hacia la abundancia en tu propia persona y práctica.

Otros son pobres porque, aunque saben que hay una salida, son demasiado perezosos intelectualmente para hacer el esfuerzo mental necesario para encontrar ese camino y recorrerlo; y para ellos, lo mejor que puedes hacer es despertar su deseo mostrándoles la felicidad que proviene de ser correctamente ricos.

Otros aún son pobres porque, aunque tienen alguna noción de la ciencia, se han perdido en un laberinto de teorías metafísicas y ocultas y no saben qué camino tomar. Intentan una mezcla de muchos sistemas y fracasan en todos. Para ellos, nuevamente, lo mejor es mostrar el camino correcto mediante tu propia persona y práctica; una onza de hacer cosas vale una libra de teorizar.

Lo mejor que puedes hacer por el mundo es sacar lo mejor de ti mismo.

No puedes servir a Dios y a la humanidad de manera más efectiva que haciéndote rico; es decir, si te enriqueces mediante el método creativo y no competitivo.

Además, este libro detalla los principios de la ciencia de hacerse rico; y si esto es cierto, no necesitas leer ningún otro libro sobre el tema. Puede sonar limitado y egoísta, pero considera: no hay un método más científico de cálculo en matemáticas que la suma, la resta, la multiplicación y la división; no hay otro método posible. Solo puede haber una distancia más corta entre dos puntos. Existe una manera de pensar científicamente, y es pensar de la manera que conduce de la manera más directa y sencilla a la meta. Ningún hombre ha formulado hasta ahora un "sistema" más breve o menos complejo que el que aquí se expone; ha sido despojado de todo lo no esencial. Cuando empieces con esto, deja de lado todo lo demás; sácalo de tu mente por completo.

Lee este libro todos los días; llévalo contigo; memorízalo, y no pienses en otros "sistemas" y teorías. Si lo haces, empezarás a tener dudas y a sentirte inseguro y vacilante en tu pensamiento; y entonces comenzarás a fracasar.

Después de que hayas alcanzado tus objetivos y te hayas enriquecido, puedes estudiar otros sistemas tanto como desees; pero hasta que estés seguro de que has obtenido lo que quieres, no leas nada en esta línea más que este libro, a menos que sean los autores mencionados en el prefacio.

Y lee solo los comentarios más optimistas sobre las noticias del mundo; aquellos que estén en armonía con tu imagen.

También, pospón tus investigaciones en el ocultismo. No te metas en la teosofía, el espiritismo o estudios afines. Es muy probable que los muertos aún vivan y estén cerca; pero si es así, déjalos en paz; ocúpate de tus propios asuntos.

Dondequiera que estén los espíritus de los muertos, tienen su propio trabajo que hacer y sus propios problemas que resolver; no tenemos derecho a interferir con ellos. No podemos ayudarles, y es dudoso que ellos puedan ayudarnos, o que tengamos algún derecho a invadir su tiempo si pueden hacerlo. Deja a los muertos y al más allá en paz, y resuelve tus propios problemas; hazte rico. Si empiezas a mezclarte con lo oculto, iniciarás corrientes cruzadas mentales que seguramente harán naufragar tus esperanzas.

Así que, esto y los capítulos anteriores nos llevan a la siguiente declaración de hechos básicos:

1. Hay una materia pensante de la que están hechas todas las cosas y que, en su estado original, impregna, penetra y llena los intersticios del universo.
2. Un pensamiento en esta sustancia produce la cosa que es imaginada por el pensamiento.
3. El ser humano puede formar cosas en su pensamiento, y al imprimir su pensamiento en la sustancia sin forma, puede hacer que se cree la cosa en la que piensa.

Para ello, debes pasar de la mente competitiva a la mente creativa; debes formarte una imagen mental clara de las cosas que deseas, y mantener esta imagen en tus pensamientos con el PROPÓSITO fijo de obtener lo que deseas, y la FE inquebrantable de que lo conseguirás, cerrando tu mente contra todo lo que pueda sacudir tu propósito, oscurecer tu visión o debilitar tu fe.

Y además de todo esto, ahora veremos que debes vivir y actuar de cierta manera.

Capítulo 11

Actuar de manera certera

El pensamiento es una fuerza creativa, el motor que impulsa al poder creativo a actuar; pensar de cierta manera puede atraer riquezas, pero no se debe depender únicamente del pensamiento sin considerar la acción personal. Este es el obstáculo en el que naufragan muchos pensadores metafísicos, que no logran conectar el pensamiento con la acción personal.

Aún no hemos alcanzado una etapa de desarrollo, suponiendo que sea posible, en la que el ser humano pueda crear directamente desde la Sustancia Sin Forma sin pasar por los procesos naturales o el trabajo manual; no basta con pensar, la acción personal debe complementar el pensamiento.

A través del pensamiento, puedes atraer el oro de las montañas hacia ti; pero ese oro no se extraerá, refinará, acuñará y llegará a tus manos por sí solo. Bajo la influencia del Espíritu Supremo, los asuntos de las personas se organizarán de tal manera que alguien se encargará de extraer el oro para ti; las transacciones comerciales de otros estarán dirigidas para que el oro llegue a ti, y debes organizar tus propios asuntos comerciales para recibirlo adecuadamente cuando llegue. Tu pensamiento hace que todas las cosas, animadas e inanimadas, trabajen para traerte lo que deseas; pero tu acción personal debe ser adecuada para recibir lo que quieres cuando llegue. No debes aceptarlo como caridad, ni obtenerlo de manera deshonesta; debes ofrecer a cada persona más valor de uso del que recibes en valor monetario.

El uso científico del pensamiento consiste en formar una imagen mental clara y precisa de lo que deseas; mantenerte firme en el propósito de conseguirlo; y reconocer con fe agradecida que ya lo has obtenido. No intentes "proyectar" tu pensamiento de manera misteriosa u oculta, esperando que haga cosas por ti; eso es un esfuerzo inútil y puede debilitar tu capacidad de pensar con claridad.

La acción del pensamiento para enriquecerse está completamente explicada en los capítulos anteriores; tu fe y propósito imprimen positivamente tu visión en la Sustancia Sin Forma, que comparte el mismo deseo de más vida que tú; y esta visión, recibida de ti, pone en movimiento todas las fuerzas creadoras a través de sus canales regulares de acción, pero dirigidas hacia ti.

No te corresponde guiar o supervisar el proceso creativo; todo lo que debes hacer es mantener tu visión, adherirte a tu propósito y sostener tu fe y gratitud.

Sin embargo, debes actuar de una manera concreta para apropiarte de lo que es tuyo cuando llegue; para encontrarte con las cosas que tienes en tu imagen mental y ponerlas en su lugar cuando lleguen. Puedes ver fácilmente la verdad de esto. Cuando las cosas lleguen a ti, estarán en manos de otras personas, que pedirán un equivalente a cambio. Y sólo puedes obtener lo que es tuyo dando a otros lo que es suyo.

Tu cartera no se convertirá mágicamente en un monedero de Fortunato, siempre lleno de dinero sin esfuerzo de tu parte. Este es el punto crucial en la ciencia de hacerse rico; aquí es donde deben combinarse el pensamiento y la acción personal. Hay muchas personas que, consciente o inconscientemente, ponen en acción las fuerzas creativas mediante la fuerza y persistencia de sus deseos, pero que siguen siendo pobres porque no anticipan la recepción de lo que desean cuando llega.

A través del pensamiento, lo que deseas es traído a ti; mediante la acción, lo recibes.

Cualquiera que sea tu acción, es evidente que debes actuar AHORA. No puedes actuar en el pasado, y es esencial para la claridad de tu visión mental que descartes el pasado de tu mente. No puedes actuar en el futuro, porque el futuro aún no ha llegado. Y no puedes prever cómo querrás actuar en cualquier contingencia futura hasta que llegue.

No pienses que debes posponer la acción hasta que estés en el negocio o entorno adecuado, porque no estás en el negocio o entorno adecuado ahora. No pierdas tiempo en el presente pensando en el mejor curso de acción para posibles emergencias futuras; ten fe en tu capacidad para enfrentarlas cuando lleguen.

Si actúas en el presente con tu mente en el futuro, tu acción presente será con una mente dividida y no será efectiva. Pon toda tu mente en la acción presente.

No des tu impulso creativo a la Sustancia Original y luego te sientes a esperar los resultados; si lo haces, nunca los obtendrás. Actúa ahora. Nunca hay más tiempo que ahora, y nunca habrá más tiempo que ahora. Si quieres empezar a prepararte para recibir lo que deseas, debes comenzar ahora.

Y tu acción, sea cual sea, probablemente será en tu negocio o empleo actual, y debe ser con las personas y cosas de tu entorno actual. No puedes actuar donde no estás; no puedes actuar donde has estado, y no puedes actuar donde vas a estar; solo puedes actuar donde estás.

No te preocupes por si el trabajo de ayer fue bien o mal hecho; haz bien el trabajo de hoy. No intentes hacer ahora el trabajo de mañana; ya habrá tiempo de sobra para hacerlo cuando llegue.

No intentes, mediante medios ocultos o místicos, influir en personas o cosas que están fuera de tu alcance. No esperes a que cambie el entorno para actuar; consigue un cambio de entorno mediante la acción.

Puedes influir en el entorno en el que te encuentras para que te transfieran a un entorno mejor. Mantén con fe y propósito la visión de ti mismo en el entorno mejor, pero actúa en tu entorno actual con todo tu corazón, todas tus fuerzas y toda tu mente. No pierdas el tiempo soñando con el día o construyendo castillos en el aire; mantén la única visión de lo que deseas, y actúa AHORA.

No busques una nueva cosa que hacer, o una acción extraña, inusual o notable para realizar como primer paso para hacerte rico. Es probable que tus acciones, al menos durante algún tiempo, sean las que has estado realizando durante algún tiempo; pero debes comenzar ahora a realizar estas acciones de la manera correcta, que seguramente te hará rico.

Si estás en un negocio y sientes que no es el adecuado para ti, no esperes a estar en el negocio adecuado para comenzar a actuar. No te desanimes ni lamentes por estar desubicado. Ningún hombre ha estado jamás tan mal ubicado que no pueda encontrar el lugar correcto, y ningún hombre ha estado tan involucrado en el negocio equivocado que no pueda entrar en el negocio correcto.

Mantén la visión de ti mismo en el negocio correcto, con el propósito de entrar en él, y la fe de que entrarás en él, y estás entrando en él; pero ACTÚA en tu negocio actual. Utiliza tu negocio actual como medio para conseguir uno mejor, y utiliza tu entorno actual como medio para entrar en uno mejor. Tu visión del negocio correcto, si la mantienes con fe y propósito, hará que el Supremo mueva el negocio correcto hacia ti; y tu acción, si la realizas de la manera correcta, hará que te muevas hacia el negocio.

Si eres un empleado o un asalariado y sientes que debes cambiar de lugar para conseguir lo que deseas, no "proyectes" tu pensamiento en el espacio y confíes en que te consiga otro trabajo. Es probable que no lo consiga. Mantén la visión de ti mismo en el trabajo que deseas, mientras actúas con fe y propósito en el trabajo que tienes, y seguramente conseguirás el trabajo que deseas.

Tu visión y tu fe pondrán en marcha la fuerza creativa para llevarte hacia tu objetivo, y tu acción hará que las fuerzas de tu entorno te lleven hacia el lugar que deseas. Para cerrar este capítulo, añadiremos otra afirmación a nuestro programa de estudios:

1. Hay una materia pensante de la que están hechas todas las cosas y que, en su estado original, impregna, penetra y llena los intersticios del universo.
2. Un pensamiento en esta sustancia produce la cosa que es imaginada por el pensamiento.
3. El hombre puede formar cosas en su pensamiento, y, al imprimir sus pensamientos en la sustancia sin forma, puede hacer que se cree la cosa en la que piensa.

Para ello, el hombre debe pasar de la mente competitiva a la mente creativa; debe formarse una imagen mental clara de las cosas que desea, y mantener esta imagen en sus pensamientos con el PROPÓSITO fijo de conseguir lo que desea, y la FE inquebrantable de que consigue lo que desea, cerrando su mente a todo lo que pueda sacudir su propósito, oscurecer su visión o apagar su fe.

Para recibir lo que desea cuando llegue, el hombre debe actuar AHORA sobre las personas y las cosas de su entorno actual.

Capítulo 12

Acción eficaz

Debes usar tu pensamiento como se indica en los capítulos anteriores y comenzar a hacer todo lo que puedas en tu posición actual; debes hacer TODO lo que puedes hacer donde estás. Solo puedes avanzar siendo más grande que tu lugar actual; y nadie es más grande que su posición actual si deja sin hacer parte del trabajo que le corresponde en ese lugar.

El progreso del mundo depende de aquellos que llenan completamente sus roles actuales. Si ninguna persona cumple totalmente con su papel actual, se genera un retroceso general. Aquellos que no ocupan completamente sus puestos representan una carga para la sociedad, el gobierno, el comercio y la industria; deben ser llevados adelante por otros a un gran costo. El avance del mundo se retrasa solo por aquellos que no cumplen plenamente con sus funciones; pertenecen a una época anterior y a una etapa o nivel de vida inferior, y su tendencia es hacia la degeneración. Ninguna sociedad podría avanzar si cada persona fuera más pequeña que su papel; la evolución social está guiada por la ley de la evolución física y mental. En el mundo animal, la evolución se produce por un exceso de vida.

Cuando un organismo tiene más vida de la que puede expresar en sus funciones actuales, desarrolla los órganos de un plano superior, dando origen a una nueva especie. Nunca habrían surgido nuevas especies sin organismos que llenaran su lugar por completo. La ley es exactamente la misma para ti; tu enriquecimiento depende de que apliques este principio a tus propios asuntos.

Cada día es un día de éxito o un día de fracaso; y son los días de éxito los que te llevan hacia lo que quieres. Si cada día es un fracaso, nunca podrás hacerte rico; mientras que si cada día es un éxito, inevitablemente te harás rico. Si hay algo que puedes hacer hoy y no lo haces, habrás fallado en ese aspecto; y las consecuencias pueden ser más desastrosas de lo que imaginas.

No puedes prever los resultados de un acto aparentemente trivial; no conoces el funcionamiento de todas las fuerzas que se han puesto en movimiento a tu favor. Mucho puede depender de que realices una acción sencilla; podría ser lo que abra la puerta a grandes oportunidades. Nunca puedes conocer todas las combinaciones que la Inteligencia Suprema está haciendo para ti en el mundo de las cosas y los asuntos humanos; tu negligencia o fracaso en realizar alguna pequeña acción puede causar un largo retraso en obtener lo que deseas.

Haz, cada día, TODO lo que puedas hacer ese día. Sin embargo, hay una limitación o matiz a considerar. No debes trabajar en exceso, ni precipitarte a ciegas en tu negocio con la intención de hacer el mayor número de cosas en el menor tiempo posible. No intentes hacer el trabajo de mañana hoy, ni el trabajo de una semana en un día.

Lo que cuenta no es la cantidad de cosas que haces, sino la EFICACIA de cada acción individual. Cada acto es, en sí mismo, un éxito o un fracaso. Cada acción es eficaz o ineficaz. Cada acto ineficaz es un fracaso, y si pasas tu vida realizando acciones ineficaces, toda tu vida será un fracaso. Cuantas más cosas hagas, peor para ti, si todos tus actos son ineficaces. Por otro lado, cada acto eficaz es un éxito en sí mismo, y si cada acción de tu vida es eficaz, tu vida DEBE ser un éxito.

La causa del fracaso radica en hacer demasiadas cosas de manera ineficaz, y no hacer suficientes cosas de manera eficaz. Es evidente que si no realizas ningún acto ineficaz y haces un número suficiente de actos eficaces, te harás rico. Si puedes lograr que cada acto sea eficaz, entonces la obtención de riquezas se convierte en una ciencia exacta, como las matemáticas.

La cuestión, entonces, es si puedes hacer que cada acto individual sea un éxito en sí mismo. Y esto es completamente posible. Puedes hacer que cada acción sea un éxito porque Todo el Poder está trabajando contigo; y Todo el Poder no puede fallar. El poder está a tu disposición; y para que cada acción sea eficaz, solo necesitas imbuirla de poder.

Cada acción es fuerte o débil; y cuando cada una es fuerte, estás actuando de manera que inevitablemente te llevará a la riqueza. Cada acto puede ser fuerte y eficaz manteniendo tu visión mientras lo realizas, e imbuyendo cada acción con el poder de tu FE y PROPÓSITO.

Aquí es donde fallan las personas que separan el poder mental de la acción personal. Utilizan el poder mental en un lugar y momento, y actúan en otro lugar y momento. Por lo tanto, sus acciones no son exitosas en sí mismas; muchas de ellas son ineficaces. Pero si Todo el Poder se involucra en cada acto, no importa cuán común sea, cada acción será un éxito en sí misma; y como en la naturaleza de las cosas cada éxito abre el camino a otros éxitos, tu progreso hacia lo que deseas, y el progreso de lo que deseas hacia ti, será cada vez más rápido.

Recuerda que la acción exitosa es acumulativa en sus resultados. Dado que el deseo de más vida es inherente a todas las cosas, cuando una persona comienza a moverse hacia una vida más grande, más cosas se adhieren a ella, y la influencia de su deseo se multiplica.

Haz, cada día, todo lo que puedas hacer ese día, y haz cada acto de manera eficaz.

Al decir que debes mantener tu visión mientras realizas cada acto, por trivial o común que sea, no quiero decir que necesites visualizar constantemente todos los detalles más pequeños. Debe ser el trabajo de tus horas de ocio usar tu imaginación en los detalles de tu visión, contemplándolos hasta que estén firmemente grabados en tu memoria.

Si deseas resultados rápidos, dedica prácticamente todo tu tiempo libre a esta práctica. A través de la contemplación continua, obtendrás la imagen de lo que deseas, incluso hasta los detalles más pequeños, tan firmemente fijada en tu mente, y tan completamente transferida a la mente de la Sustancia Sin Forma, que durante tus horas de trabajo solo necesitarás referirte mentalmente a la imagen para estimular tu fe y propósito, y así realizar tu mejor esfuerzo. Contempla tu imagen en tus horas de ocio hasta que tu conciencia esté tan llena de ella que puedas captarla al instante. Te entusiasmarás tanto con sus brillantes promesas que el mero hecho de pensar en ella hará surgir las energías más poderosas de todo tu ser.

Repasemos nuevamente nuestro programa, y ajustando ligeramente las declaraciones finales, llevémoslo al punto en que nos encontramos:

1. Hay una materia pensante de la que están hechas todas las cosas y que, en su estado original, impregna, penetra y llena los intersticios del universo.
2. Un pensamiento en esta sustancia produce la cosa que es imaginada por el pensamiento.
3. El hombre puede formar cosas en su pensamiento, y, al imprimir su pensamiento en la sustancia sin forma, puede hacer que se cree la cosa en la que piensa.

Para ello, el hombre debe pasar de la mente competitiva a la mente creativa; debe formarse una imagen mental clara de las cosas que quiere, y hacer, con fe y propósito, todo lo que puede hacer cada día, realizando cada cosa de manera eficiente.

Capítulo 13

El negocio correcto

El éxito en cualquier negocio depende, en primer lugar, de tener bien desarrolladas las habilidades necesarias para ese negocio. Sin una aptitud musical adecuada, nadie puede triunfar como profesor de música; sin habilidades mecánicas bien desarrolladas, es difícil alcanzar un gran éxito en oficios técnicos; sin tacto y habilidades comerciales, es complicado tener éxito en actividades mercantiles. Sin embargo, contar con las habilidades necesarias para una profesión en particular no garantiza hacerse rico. Hay músicos con gran talento que siguen siendo pobres; herreros y carpinteros con excelente habilidad mecánica que no se hacen ricos; y comerciantes hábiles en el trato con las personas que fracasan.

Las diferentes habilidades son herramientas; es fundamental tener buenas herramientas, pero también es esencial saber utilizarlas correctamente. Un hombre puede tomar una sierra afilada, una escuadra, un buen cepillo, y construir un hermoso mueble; otro hombre, con las mismas herramientas, puede intentar replicar el mueble, pero su producción será de baja calidad. No sabe cómo usar las herramientas correctamente.

Las diversas habilidades de tu mente son las herramientas con las que debes hacer el trabajo que te hará rico; es más fácil tener éxito si te involucras en un negocio para el cual estás bien equipado con herramientas mentales. En general, te irá mejor en un negocio que utilice tus habilidades más fuertes; para el cual estás naturalmente mejor dotado. Sin embargo, esto no es una limitación absoluta. Nadie debe pensar que su vocación está invariablemente fijada por las inclinaciones con las que nació.

Puedes hacerte rico en cualquier negocio, porque si no tienes el talento adecuado para ello, puedes desarrollarlo; simplemente significa que tendrás que forjar tus herramientas en el camino, en lugar de depender únicamente de las que naciste. Te será más fácil tener éxito en una vocación para la que ya tienes habilidades desarrolladas; pero puedes tener éxito en cualquier vocación, porque puedes desarrollar cualquier talento rudimentario, y no hay talento del cual no tengas al menos una base.

Te enriquecerás más fácilmente en términos de esfuerzo si haces aquello para lo que estás mejor dotado; pero te enriquecerás más satisfactoriamente si haces lo que realmente quieres hacer. Hacer lo que deseas es esencial para una vida plena; no hay verdadera satisfacción en la vida si estás obligado a hacer constantemente algo que no disfrutas, sin poder hacer lo que realmente deseas. Y es cierto que puedes hacer lo que quieres; el deseo de hacerlo es la prueba de que tienes dentro de ti el poder para hacerlo.

El deseo es una manifestación del poder. El deseo de tocar música es el poder de tocar música buscando expresión y desarrollo; el deseo de inventar dispositivos mecánicos es el talento mecánico buscando expresión y desarrollo. Donde no hay poder, desarrollado o no, para hacer algo, nunca hay deseo de hacerlo; y donde hay un fuerte deseo de hacer algo, es una prueba segura de que el poder para hacerlo es fuerte, y solo necesita ser desarrollado y aplicado de la manera correcta.

En igualdad de condiciones, es mejor elegir el negocio para el cual tienes mejor desarrollado el talento; pero si tienes un fuerte deseo de dedicarte a una línea de trabajo en particular, debes elegir ese trabajo como el objetivo final. Puedes hacer lo que quieras, y es tu derecho y privilegio seguir el negocio o afición que te resulte más agradable y satisfactoria.

No estás obligado a hacer lo que no disfrutas, y no debes hacerlo más que como un medio para llegar a hacer lo que deseas. Si hay errores del pasado que te han colocado en un negocio o entorno indeseable, puede que tengas que hacer lo que no te gusta por un tiempo; pero puedes hacer que esa experiencia sea más llevadera sabiendo que te está permitiendo llegar a lo que realmente quieres hacer.

Si sientes que no estás en la vocación adecuada, no te precipites en intentar cambiar de manera abrupta. La mejor manera de cambiar de negocio o entorno es a través del crecimiento. No tengas miedo de hacer un cambio repentino y radical si se presenta la oportunidad y, tras una cuidadosa consideración, sientes que es la oportunidad correcta; pero nunca tomes una acción repentina o radical cuando tengas dudas sobre su conveniencia.

Nunca hay prisa en el plano creativo; y no hay falta de oportunidades. Cuando te alejas de la mentalidad competitiva, comprenderás que nunca es necesario apresurarse. Nadie te ganará en lo que deseas hacer; hay suficiente para todos. Si un lugar está ocupado, otro mejor se abrirá para ti más adelante; hay tiempo de sobra. Cuando tengas dudas, espera.

Concéntrate en la contemplación de tu visión, y fortalece tu fe y tu propósito; y en los momentos de duda e indecisión, cultiva la gratitud.

Uno o dos días dedicados a contemplar la visión de lo que deseas y a agradecer sinceramente que lo estás consiguiendo, pondrán tu mente en una relación tan estrecha con el Supremo que no cometerás errores cuando actúes. Hay una mente que sabe todo lo que hay que saber; y puedes entrar en estrecha unión con esta mente mediante la fe y el propósito de avanzar en la vida, si cultivas una profunda gratitud.

Los errores provienen de actuar precipitadamente, con miedo o duda, o al olvidar el Motivo Correcto, que es más vida para todos y menos para nadie. A medida que avanzas en el Camino Seguro, las oportunidades se presentarán en mayor número; y necesitarás ser firme en tu fe y propósito, manteniéndote en contacto cercano con la Mente Suprema a través de una gratitud reverente.

Haz todo lo que puedas hacer de manera perfecta cada día, pero hazlo sin prisa, sin preocupación y sin miedo. Avanza tan rápido como puedas, pero nunca te apresures. Recuerda que en el momento en que empiezas a apresurarte, dejas de ser un creador y te conviertes en un competidor; caes de nuevo en el viejo plano competitivo.

Cada vez que te encuentres apresurado, detente; fija tu atención en la imagen mental de lo que deseas, y comienza a agradecer por haberlo obtenido. El ejercicio de la GRATITUD nunca dejará de fortalecer tu fe y renovar tu propósito.

Capítulo 14

El aumento

Ya sea que decidas cambiar de vocación o no, tus acciones en el presente deben alinearse con el negocio en el que te encuentras actualmente. Puedes llegar al negocio que deseas utilizando de manera constructiva el negocio en el que ya estás establecido, realizando tu trabajo diario de una manera específica y efectiva.

En la medida en que tu negocio implique interactuar con otras personas, ya sea en persona o por correspondencia, la clave de todos tus esfuerzos debe ser transmitir la idea de crecimiento y mejora. El crecimiento es algo que buscan todas las personas; es el impulso de la Inteligencia sin forma que está dentro de ellas, buscando una expresión más completa.

El deseo de crecimiento es inherente a toda la naturaleza; es el impulso fundamental del universo. Todas las actividades humanas se basan en el deseo de crecimiento; la gente busca más comida, mejor vestimenta, un mejor hogar, más lujos, más belleza, más conocimiento, más placer: un incremento en algo, más vida. Todo ser viviente está sujeto a esta necesidad de avance continuo; cuando el crecimiento de la vida cesa, la disolución y la muerte ocurren de inmediato.

El hombre lo sabe instintivamente, por lo que siempre busca más. Esta ley de crecimiento perpetuo es expuesta por Jesús en la parábola de los talentos; sólo aquellos que ganan más retienen algo; al que no tiene, se le quitará incluso lo que tiene.

El deseo natural de aumentar la riqueza no es malo ni reprobable; es simplemente el deseo de una vida más abundante, una aspiración legítima. Dado que este es el instinto más profundo en las naturalezas humanas, todas las personas se sienten atraídas por aquellos que pueden ofrecerles más medios para una vida más plena.

Al seguir el Camino Seguro como se describe en los capítulos anteriores, estás asegurando un aumento continuo para ti y para todos aquellos con los que interactúas. Eres un centro creativo, de donde surge el crecimiento para todos. Asegúrate de esto y transmite esta certeza a cada persona con la que interactúas. No importa cuán pequeña sea la transacción, incluso si es solo vender un caramelo a un niño, infunde el pensamiento de crecimiento en ella y asegúrate de que el cliente perciba esa sensación de avance.

Transmite la impresión de progreso en todo lo que hagas, de manera que todas las personas sientan que eres una persona en crecimiento, y que quienes interactúan contigo también se beneficiarán de ese crecimiento. Incluso en interacciones sociales, sin intención comercial, transmite esta idea de crecimiento.

Puedes comunicar esta impresión manteniendo una fe inquebrantable de que tú mismo estás en el camino del crecimiento; y deja que esta fe inspire, llene e impregne cada una de tus acciones. Realiza todo con la convicción de que eres una persona en crecimiento y que, al hacerlo, enriqueces a otros y ofreces beneficios a todos. No te jactes ni presumas de tu éxito; la verdadera fe no es ostentosa.

Siempre que encuentres a alguien jactancioso, encontrarás a alguien que secretamente alberga dudas y miedo. Simplemente siente la fe y deja que se manifieste en cada transacción; deja que cada acto, cada tono y cada mirada expresen la tranquila seguridad de que te estás enriqueciendo y de que ya eres rico. No serán necesarias palabras para comunicar este sentimiento a los demás; sentirán el crecimiento cuando estén en tu presencia y se sentirán atraídos hacia ti.

Debes impresionar a los demás de tal manera que sientan que al asociarse contigo obtendrán un crecimiento para ellos. Procura darles un valor de uso mayor que el valor monetario que les estás pidiendo. Enorgullécete de hacerlo honestamente y deja que todos lo sepan; no te faltarán clientes. La gente se siente atraída hacia aquellos que les ofrecen crecimiento; y el Supremo, que desea el crecimiento en todos y que lo sabe todo, dirigirá a hombres y mujeres hacia ti, incluso si nunca han oído hablar de ti. Tu negocio crecerá rápidamente, y te sorprenderán los beneficios inesperados que te llegarán.

Con el tiempo, podrás hacer combinaciones más grandes, asegurar mayores beneficios, y pasar a una vocación más afín si así lo deseas. Pero al hacer todo esto, nunca pierdas de vista tu visión de lo que quieres, ni tu fe y propósito para conseguirlo.

Permíteme darte una advertencia sobre los motivos. Ten cuidado con la insidiosa tentación de buscar poder sobre otros. Nada es tan atractivo para una mente no formada o parcialmente desarrollada como el ejercicio de poder o dominio sobre los demás. El deseo de dominar para gratificación egoísta ha sido una maldición para el mundo. A lo largo de innumerables eras, reyes y señores han teñido la tierra con sangre en sus batallas por extender sus dominios; no para buscar más vida para todos, sino para obtener más poder para sí mismos.

Hoy en día, el motivo principal en el mundo de los negocios e industrias es el mismo; hombres acumulan ejércitos de dólares, destruyendo vidas y corazones en una loca lucha por el poder sobre los demás. Los magnates de los negocios, como los reyes políticos, están motivados por el deseo de poder. Jesús identificó en este deseo de dominio la fuerza motriz del mundo corrupto que buscaba transformar. Lee el capítulo veintitrés de Mateo y observa cómo describe el deseo de los fariseos de ser llamados "Maestros", de ocupar lugares de poder, de imponer cargas a los demás; y cómo compara este deseo de dominio con la búsqueda fraternal del Bien Común a la que llama a sus discípulos.

Evita la tentación de buscar autoridad, de convertirte en un "maestro", de ser considerado superior al común, de impresionar a los demás con ostentaciones. La mente que busca dominio sobre otros es una mente competitiva; y la mente competitiva no es creativa. Para dominar tu entorno y destino, no necesitas gobernar sobre tus semejantes; de hecho, cuando caes en la lucha competitiva por posiciones elevadas, comienzas a ser conquistado por el destino y el entorno, y tu enriquecimiento se convierte en una cuestión de azar y especulación.

¡Cuidado con la mentalidad competitiva! No hay una declaración más clara del principio de la acción creativa que la famosa frase del difunto "Regla de Oro" Jones de Toledo: "Lo que quiero para mí, lo quiero para todos".

Capítulo 15

La persona que avanza

Lo que he expresado en el capítulo anterior es aplicable tanto a profesionales y asalariados como a aquellos que están involucrados en el comercio.

No importa si eres médico, maestro o clérigo; si puedes aportar crecimiento y mejora a los demás y hacer que se den cuenta de ello, se sentirán atraídos por ti, y prosperarás. Un médico que se visualiza a sí mismo como un sanador exitoso y trabaja para materializar esa visión con fe y propósito, como se ha descrito antes, entrará en tal conexión con la Fuente de la Vida que experimentará un éxito notable; los pacientes acudirán a él en grandes números.

Nadie tiene una oportunidad mayor de aplicar las enseñanzas de este libro que el profesional de la medicina; no importa a qué escuela médica pertenezca, ya que el principio de sanación es común a todas y puede ser alcanzado por todos. El médico que avanza en su profesión, manteniendo una imagen clara de sí mismo como exitoso, y que sigue las leyes de la fe, el propósito y la gratitud, sanará todos los casos que emprenda, sin importar los métodos o tratamientos que utilice.

En el ámbito religioso, el mundo clama por predicadores que puedan enseñar a sus congregaciones la verdadera ciencia de la vida abundante.

Un predicador que domine los principios de cómo hacerse rico, estar saludable, ser grande y ser amado, y que transmita estos conocimientos desde el púlpito, nunca le faltará una congregación. Este es el mensaje que el mundo necesita; ofrece un aumento de vida, y las personas lo escucharán con interés, apoyando generosamente al predicador que les traiga este mensaje.

Lo que se necesita ahora es una demostración práctica de la ciencia de la vida desde el púlpito. Queremos predicadores que no solo nos digan cómo vivir de esta manera, sino que lo demuestren con su propia vida. Necesitamos un predicador que sea próspero, saludable, grande y amado, para que nos enseñe cómo alcanzar estas cosas; y cuando llegue, encontrará un seguimiento amplio y leal.

Lo mismo es cierto para el maestro que puede inspirar a los estudiantes con la fe y el propósito de una vida de crecimiento. Un maestro así nunca se quedará sin trabajo. Y cualquier maestro que tenga esta fe y propósito puede impartirlos a sus estudiantes; no puede evitar transmitir estos valores si son parte de su vida y práctica cotidiana.

Lo que es válido para médicos, predicadores y maestros, también lo es para abogados, dentistas, agentes inmobiliarios, aseguradores... para todos.

La combinación de acción mental y personal que he descrito es infalible; no puede fallar. Todo hombre y mujer que siga estas instrucciones de manera constante y perseverante se enriquecerá. La ley del Aumento de la Vida es tan matemáticamente precisa en su funcionamiento como la ley de la gravedad; hacerse rico es una ciencia exacta.

Esto es tan cierto para el asalariado como para cualquier otro grupo mencionado. No pienses que no tienes oportunidad de prosperar porque trabajas en un lugar donde no ves oportunidades de ascenso, donde los salarios son bajos y el costo de vida es alto. Forma una imagen mental clara de lo que deseas y comienza a actuar con fe y propósito. Haz todo el trabajo que puedas cada día, y haz cada tarea de manera exitosa; infunde en cada acción el poder del éxito y el propósito de enriquecerte.

Sin embargo, no lo hagas solo para ganarte el favor de tu empleador, con la esperanza de que él o quienes están por encima de ti noten tu buen trabajo y te promuevan; es poco probable que lo hagan. Un trabajador que simplemente hace bien su trabajo, ocupando su lugar de la mejor manera posible y estando satisfecho con ello, es valioso para su empleador; y este no tendrá interés en promoverlo. Para avanzar, necesitas más que ser simplemente competente en tu posición actual.

El hombre que avanzará es aquel que es demasiado grande para su lugar actual, que tiene una visión clara de lo que quiere ser; que sabe que puede llegar a ser lo que quiere ser, y que está decidido a serlo.

No trates de sobresalir en tu puesto actual solo para complacer a tu empleador; hazlo con la intención de avanzar tú mismo. Mantén la fe y el propósito de progresar durante y fuera de las horas de trabajo. Mantén estos valores de tal manera que cada persona con la que entres en contacto, ya sea un supervisor, un compañero de trabajo o un conocido social, sienta el poder de tu propósito irradiando de ti; de modo que todos perciban de ti una sensación de avance y crecimiento. Las personas se sentirán atraídas por ti, y si no hay oportunidades de avance en tu trabajo actual, pronto verás la oportunidad de cambiar a otro.

Hay un Poder que nunca deja de presentar oportunidades a aquellos que avanzan y actúan de acuerdo con la ley.

Dios no puede evitar ayudarte si actúas de manera correcta; debe hacerlo para ayudarse a sí mismo.

No hay nada en tus circunstancias o en la situación industrial que pueda detenerte. Si no puedes prosperar trabajando para una gran empresa, puedes hacerlo en una pequeña finca; y si comienzas a moverte en el Camino Seguro, ciertamente escaparás de las "garras" de esa gran empresa y llegarás a la finca o a cualquier otro lugar donde desees estar.

Si unos pocos miles de empleados de una gran empresa adoptaran el Camino Seguro, la empresa pronto se encontraría en dificultades; tendría que ofrecer más oportunidades a sus trabajadores o cerrar. Nadie tiene que trabajar para una corporación; estas solo pueden mantener a las personas en condiciones difíciles mientras haya gente demasiado ignorante para conocer la ciencia de hacerse rico o demasiado perezosa mentalmente para practicarla.

Comienza a pensar y actuar de esta manera, y tu fe y propósito te harán ver rápidamente cualquier oportunidad para mejorar tu situación. Estas oportunidades llegarán rápidamente, porque el Supremo, trabajando en todo y para ti, las pondrá ante ti.

No esperes una oportunidad para ser todo lo que quieres ser; cuando se presente una oportunidad para ser más de lo que eres ahora y te sientas impulsado a tomarla, hazlo. Será el primer paso hacia una oportunidad mayor.

No hay nada como la falta de oportunidades para el hombre que vive la vida de crecimiento. Es inherente a la estructura del cosmos que todas las cosas trabajen para su bien; y ciertamente se enriquecerá si actúa y piensa en el Camino Seguro. Por lo tanto, hombres y mujeres asalariados deberían estudiar este libro con gran atención y seguir con confianza las acciones que prescribe; no fallará.

Capítulo 16

Precauciones y Observaciones Finales

Muchos pueden ridiculizar la idea de que exista una ciencia exacta para hacerse rico, sugiriendo que la riqueza es limitada y que deben cambiar las instituciones sociales y gubernamentales antes de que muchas personas puedan prosperar. Sin embargo, esto no es cierto.

Es cierto que los sistemas actuales pueden mantener a las masas en la pobreza, pero esto se debe a que estas no piensan ni actúan de manera correcta, como se sugiere en este libro. Si las masas comienzan a actuar siguiendo los principios descritos aquí, ni los gobiernos ni los sistemas industriales podrán detener su progreso. Los sistemas se verán obligados a adaptarse para acomodar este avance.

Si las personas adoptan una mentalidad de crecimiento, tienen la fe de que pueden enriquecerse y actúan con un propósito fijo para lograrlo, nada puede mantenerlas en la pobreza. Los individuos pueden iniciar este camino en cualquier momento y bajo cualquier gobierno, y al hacerlo, no solo se enriquecerán, sino que también modificarán el sistema para que otros puedan seguir su ejemplo.

Cuantos más individuos se enriquezcan utilizando métodos creativos, mejor será para todos los demás. La salvación económica de las masas solo puede lograrse si un gran número de personas practican el método científico de hacerse rico, como se explica en este libro, y luego inspiran a otros a seguir su ejemplo.

Por ahora, es suficiente saber que ni el gobierno bajo el que vives ni el sistema capitalista competitivo pueden impedir que te enriquezcas. Al entrar en un plano creativo de pensamiento, te elevarás por encima de estas limitaciones y te convertirás en un ciudadano de un reino diferente.

Sin embargo, es crucial que mantengas tu pensamiento en el plano creativo y que evites caer en viejas formas de pensar competitivas. Siempre que notes que estás pensando de manera competitiva, corrígelo de inmediato, porque cuando estás en esa mentalidad, pierdes la cooperación de la Mente Universal.

No dediques tiempo a preocuparte por posibles emergencias futuras, a menos que afecten tus acciones actuales. Tu enfoque debe estar en realizar el trabajo de hoy de manera exitosa, no en preocuparte por obstáculos futuros que puedan surgir. Cualquier problema que parezca inminente desaparecerá o se resolverá cuando llegue el momento, siempre que sigas el camino correcto.

No pienses con ansiedad sobre posibles catástrofes, obstáculos, pánicos o circunstancias desfavorables; si sigues el camino correcto, encontrarás que cada dificultad lleva consigo los medios para superarla. Evita hablar de ti mismo o de tus asuntos de manera desalentadora o con falta de ánimo. Nunca admitas la posibilidad de fracaso, ni hables de manera que sugiera que el fracaso es una opción.

Entrénate para ver el mundo como un lugar de crecimiento y evolución constante. Habla siempre en términos de progreso; hacer lo contrario es negar tu fe, y al hacerlo, pierdes esa fe.

Nunca permitas que te sientas decepcionado. Si no obtienes lo que esperabas en un momento dado, continúa con tu fe y propósito. A menudo, el aparente fracaso es solo un trampolín hacia algo mejor.

Un ejemplo de esto es el de un estudiante de esta ciencia que trabajó arduamente para cerrar un trato de negocios que parecía muy prometedor, pero que fracasó inexplicablemente en el último momento. En lugar de desanimarse, agradeció la intervención y continuó adelante con gratitud. Pronto se presentó una oportunidad mucho mejor, que no habría considerado si el primer trato hubiera tenido éxito.

Cada aparente fracaso se convertirá en un éxito si mantienes tu fe, propósito, gratitud y actúas de manera eficiente en cada cosa que hagas.

Recuerda, el fracaso puede ocurrir porque no has pedido lo suficiente. Si sigues adelante, algo mejor te llegará sin duda.

No te preocupes por la falta de habilidades para lo que deseas hacer. Siguiendo las instrucciones, desarrollarás las habilidades necesarias cuando llegue el momento.

Este libro no trata sobre la ciencia del desarrollo de habilidades, pero es tan sencillo y cierto como el proceso de hacerse rico. No dudes o te preocupes por tu falta de habilidad en este momento; sigue adelante con plena fe, y las habilidades necesarias se desarrollarán en ti a medida que avances.

Estudia este libro con dedicación. Debería ser tu compañero constante hasta que domines todos los conceptos en él. Mientras consolidas tu fe, es recomendable abstenerse de entretenimientos y lecturas que puedan contradecir estos principios. Dedica tu tiempo libre a contemplar tu visión, cultivar la gratitud y leer este libro, ya que contiene todo lo que necesitas saber sobre la ciencia de hacerse rico. Encontrarás todo lo esencial resumido en el siguiente capítulo.

Capítulo 17

Resumen de la Ciencia de Hacerse Rico

El principio fundamental de la ciencia de hacerse rico se basa en la existencia de una materia pensante, de la cual están hechas todas las cosas. Esta sustancia, en su estado original, impregna, penetra y llena todos los intersticios del universo. Un pensamiento sostenido en esta sustancia pensante produce la cosa que es imaginada por ese pensamiento.

Para utilizar este poder, el hombre debe imprimir su pensamiento en la sustancia sin forma, lo que resulta en la creación de la cosa que piensa. Es crucial que el hombre transite de una mentalidad competitiva a una creativa, ya que solo así puede estar en armonía con la Inteligencia sin Forma, que es inherentemente creativa y nunca competitiva.

La gratitud desempeña un papel vital en este proceso. Al mantener una sincera gratitud por las bendiciones que recibe, el hombre unifica su mente con la inteligencia de la sustancia sin forma, asegurando que sus pensamientos sean recibidos y actuados por esta sustancia. La gratitud es el medio por el cual el hombre puede permanecer en el plano creativo.

El hombre debe formarse una imagen mental clara y definida de las cosas que desea tener, hacer o llegar a ser. Esta imagen mental debe mantenerse firmemente en los pensamientos, acompañada de una profunda gratitud por su realización. Es crucial contemplar esta imagen frecuentemente y con fe inquebrantable, ya que este proceso es el que da la impresión al Sin Forma y pone en marcha las fuerzas creativas.

Las energías creativas trabajan a través de los canales establecidos del crecimiento natural y del orden industrial y social. Todo lo que está incluido en la imagen mental del hombre le llegará a través de estos caminos, siempre que siga las instrucciones y mantenga una fe constante.

El hombre debe actuar activamente para recibir lo que es suyo cuando llegue. Esto implica no solo llenar su lugar actual, sino hacerlo con el propósito de enriquecerse y hacer realidad su imagen mental. Cada día, debe realizar todas las acciones posibles de manera eficiente y exitosa, ofreciendo siempre un valor de uso mayor que el valor en efectivo recibido, para promover la vida en todas sus transacciones. Además, debe comunicar siempre el Pensamiento de Avance, para que todos con quienes interactúe reciban la impresión de aumento.

Los hombres y mujeres que sigan estas instrucciones se enriquecerán de manera segura, y sus riquezas serán proporcionales a la claridad de su visión, la firmeza de su propósito, la constancia de su fe y la profundidad de su gratitud.

Conclusión del libro

La Ciencia de Hacerse Rico de Wallace D. Wattles proporciona una guía práctica para alcanzar la prosperidad a través de la alineación de pensamientos, emociones y acciones con principios universales. Wattles enfatiza que el pensamiento creativo y una actitud de gratitud son fundamentales para atraer riqueza, destacando que cada individuo puede moldear su realidad a través de una imagen mental clara de sus deseos y una fe constante en su realización.

El libro sostiene que la abundancia no es limitada y que cada persona tiene el poder de manifestar su riqueza mediante la aplicación de una ciencia precisa de pensamiento y acción. La riqueza no solo es alcanzable, sino que es un derecho natural y un aspecto del crecimiento personal y espiritual. La obra de Wattles insta a los lectores a adoptar una mentalidad creativa, a actuar con determinación y a contribuir al aumento de la vida en general, asegurando que el éxito individual también enriquezca a la comunidad en general.

www.ingramcontent.com/pod-product-compliance
Lightning Source LLC
Chambersburg PA
CBHW062315220526
45479CB00004B/1173